Theodor W. Adorno

# DISSONANZEN

*Musik in der verwalteten Welt*

Fünfte Auflage



VANDENHOECK & RUPRECHT IN GÖTTINGEN

*Theodor W. Adorno*

*geboren 1903, gestorben 1969, war ordentlicher Professor der Philosophie und Soziologie an der Universität Frankfurt am Main und Direktor des dortigen Instituts für Sozialforschung. Als Komponist war Adorno Schüler von Alban Berg.*

*Schriften zur Musik: Philosophie der neuen Musik, Tübingen 1949, 3. Aufl. Frankfurt 1966, Taschenbuchausgabe: Ullstein-Bücher 2866, Berlin 1972. — Versuch über Wagner, Berlin und Frankfurt 1952; jetzt auch: Gesammelte Werke Bd. 13, Frankfurt 1971. — Klangfiguren. Musikalische Schriften I, Berlin und Frankfurt 1959; Auswahl: Nervenpunkte der Neuen Musik, rde 333, Reinbek 1969. — Mahler. Eine musikalische Physiognomik, Frankfurt 1960, 7.—9. Tsd. 1969; jetzt auch: Gesammelte Werke Bd. 13, Frankfurt 1971. — Einleitung in die Musiksoziologie. Zwölf theoretische Vorlesungen, Frankfurt 1962, Taschenbuchausgabe: rde 292/293, Reinbek 1968, 3. Aufl. 1970. — Der getreue Korrepetitor. Lehrschriften zur musikalischen Praxis, Frankfurt 1963. — Quasi una fantasia. Musikalische Schriften II, Frankfurt 1963. — Moments musicaux. Neu gedruckte Aufsätze 1928 bis 1962, Frankfurt 1964. — Impromptus. Zweite Folge neu gedruckter musikalischer Aufsätze, Frankfurt 1968, 3. Aufl. 1970. — berg. Der Meister des kleinsten Übergangs, Wien 1968; jetzt auch: Gesammelte Werke Bd. 13, Frankfurt 1971. — Zusammen mit Hanns Eisler: Komposition für den Film, München 1969.*

*Kleine Vandenhoeck-Reihe 28/29/29a*

5. Auflage 1972

Umschlag: Irmgard Suckstorff. 

Gesamtherstellung: Hubert & Co., Göttingen

ISBN 3-525-33121-5

LULI VON BODENHAUSEN

zum Gedächtnis

*Esclaves, ne maudissons pas la vie.*

*Rimbaud*

# VORREDE ZUR DRITTEN AUSGABE

Die Abhandlungen, die der kleine Band zusammenstellt, bilden eine recht genaue Einheit. Sie gelten dem, was der Musik in der verwalteten Welt widerfährt, unter Bedingungen planender, organisierender Erfassung, die der künstlerischen Freiheit und Spontaneität die gesellschaftliche Basis entziehen. Die Betrachtungsweise ist ästhetisch und soziologisch zugleich. Die Phänomene künstlerischer Rückbildung, die erörtert werden, haben ihren Grund im gesellschaftlichen Zug zur Erfassung der Menschen. Umgekehrt aber läßt sich, sofern man sich nicht mit bloßen Zuordnungen begnügt, das gesellschaftliche Schicksal der Musik ablesen nur an ihrer eigenen Gestalt, an den Deformationen, die sie allenthalben durchmacht. Denn die Tendenz ist universal und so wenig begrenzt durch die Unterschiede der einzelnen, selber schon administrativ eingerichteten musikalischen Sparten wie durch die der politischen Systeme. Hatte der Autor in der „Philosophie der neuen Musik" bemerkt, daß die kompositorischen Extreme Schönberg und Strawinsky am Ende, ihrer inneren Zusammensetzung nach, sich berühren, so muß er heute wesentlich darüber hinausgehen. Schon drängen Ähnlichkeiten zwischen musikalischen Tabus in Amerika und Rußland, zwischen einander befehdenden Schulen wie der seriellen und der sogenannten deutschen Singbewegung sich auf, denen gegenüber die Divergenzen zuweilen oberflächlich dünken. Die gleiche Starre droht alles zu befallen. Solche Einheit zeichnet die der Abhandlungen vor. Mit Bedacht wurden in ihnen Überschneidungen und Wiederholungen nicht ausgemerzt, wo sie die Identität in den Gegensätzen bezeugen.

Der Aufsatz „Über den Fetischcharakter in der Musik und die Regression des Hörens" war der erste Niederschlag der amerikanischen Erfahrungen des Autors, als er den musikalischen Teil des Princeton Radio Research Project leitete. Die Arbeit wurde entworfen in Bar Harbor, ausgeführt in New York im Sommer 1938 und erschien im selben Jahr im VII. Band der Zeitschrift für Sozialforschung. An den musiksoziologischen Tatbeständen, auf die der Autor damals stieß, gingen ihm erstmals Einsichten über anthropologische Veränderungen auf, die weit über das begrenzte Sachgebiet hinausreichen. Er glaubte darum, den Text, mit geringfügigen Abweichungen und Auslassungen, heute in Deutschland vorlegen zu sollen, nachdem jener Band der Zeitschrift kaum mehr zugänglich ist. Die Aktualität von Gedanken bewährt sich nicht im Wettlauf mit der informatorischen Neuigkeit. Ergänzt wird der Aufsatz durch die Studien des Autors zum Jazz, deren letzte in die „Prismen" aufgenommen ward. Zugleich wollte der „Fetischcharakter" seinerzeit auf Benjamins Arbeit „Das Kunstwerk im Zeitalter seiner technischen Reproduzierbarkeit" antworten, die jetzt im ersten Band von dessen Schriften steht.

Die „Gegängelte Musik" entstand im Sommer 1948, unmittelbar nach Abschluß der „Philosophie der neuen Musik". Publiziert wurde der Text im Mai 1953 im „Monat". Die kritisierte Ideologie ist stets noch — oder schon wieder — in den Diktaturstaaten des Ostblocks verbindlich.

Die „Kritik des Musikanten" entfaltet Gedanken aus der Diskussion des Autors mit der musikalischen Jugendbewegung. Sie riß nicht ab, seit er, eingeladen von Erich Doflein, 1952 auf einer der Darmstädter Tagungen des dieser Bewegung dienenden „Instituts für Neue Musik und Musikerziehung" sprach. 1954 hatte er dem gleichen Kreis eine Reihe von Thesen vorgelegt und verteidigt. Sie erschienen dann, ohne daß übrigens vorher das Einverständnis des Autors wäre eingeholt worden, in der Zeitschrift „Junge Musik", Jahrgang 1954, S. 111 ff. Den Ausdruck musikpädagogische Musik hatte man im Titel in Anführungszeichen gesetzt, und man suchte durch eine Vorbemerkung des Inhalts, daß die Thesen streckenweise sich selbst ad absurdum führten und daß das Urteil des Autors über die Jugendmusik — der er sich keineswegs aufgedrängt hatte — nicht allzu ernst zu nehmen sei, die Wirkung der Kritik vollends zu paralysieren; sie war, auch nach Zeugnissen aus Kreisen der Jugendbewegung, erheblich gewesen. Eine der Thesen hatte gelautet: „Aber die Gefahr ist, daß von den Anhängern der Bewegung nur wenige neugierig sind; daß sie sich unterm löchrigen Dach der musikpädagogischen Musik viel zu geborgen fühlen, als daß sie das Bedürfnis ins Freie — das nach Freiheit — sich oder anderen zugeständen. Die erste Voraussetzung zum Besseren wäre, daß sie die falsche Sicherheit verließen und die Kraft des kritischen Gedankens sich zueigneten, anstatt vorweg von der Schar der Gleichgesinnten sich bestätigen zu lassen, und das unbequeme Argument als längst bekannt und erledigt einzuordnen. Kraft bewährt sich nicht in der automatischen Abwehr, sondern in der Fähigkeit, das Befremdende ernsthaft an sich herankommen zu lassen." Man gab sich zwar den Anschein, dem gerecht zu werden, ging in Wahrheit aber nicht auf den Inhalt des vom Autor Vertretenen ein, und begnügte sich mit Argumenten wie dem, er sei mit der musikalischen Jugendbewegung zu wenig vertraut. Einzig Erich Doflein trieb in stetiger Korrespondenz mit dem Autor die Erörterung weiter; er hat mittlerweile seine Anschauungen über den Gegenstand in der Arbeit „Gewinne und Verluste in neuer Musik und Musikerziehung" niedergelegt, die in der Sammlung der Vorträge der VIII. Arbeitstagung des „Instituts für Neue Musik und Musikerziehung" (Lindau 1955, Selbstverlag des Instituts, Hagnau am Bodensee) enthalten ist. Die ausweichende Taktik der kritisierten Gruppe zwang den Autor, den gesamten Komplex in seiner Einheit und Mannigfaltigkeit aufzurollen. Der Text wurde als Vortrag vom Süddeutschen Rundfunk im Frühjahr 1956 übertragen.

In der zweiten Ausgabe ist der Aufsatz „Zur Musikpädagogik", erschienen im Dezember 1957 in der „Jungen Musik", erstmals hinzugefügt. Weniger wollte der Autor die Kritik durch jenes ominöse Positive ergänzen, dessen Begriff selber schon unter die Kritik fällt, als dem Argument begegnen, diese Kritik habe den Kern der musikalischen Jugendbewegung, ihre eigentlich pädagogischen Bestrebungen vernachlässigt. Während er seine recht dezidierten Ansichten über musikalische Erziehung thesenhaft skizzierte, möchte er jedoch keinen Zweifel daran lassen, daß er die pädagogischen Fragen von den ästhetischen und sozialen strikt unterscheidet. So gewiß Musikerziehung von musikalischer Ästhetik und schließlich vom gesellschaftlichen Gesamtzustand abhängt, so wenig sind dafür doch umgekehrt pädagogische Kriterien anstelle solcher der Sache einzuschmuggeln.

Die dritte Ausgabe endlich wurde erweitert um den Text „Tradition“. Er entwickelte sich aus Thesen, die der Autor in einem Rundfunkgespräch mit Erich Doflein verfocht; gedruckt wurde er im „Jahresring“ 1960/61, Stuttgart 1960, S. 24 ff., und dann in der Zeitschrift „Musica“, Januar 1961. In deren Aprilheft folgte eine Diskussion. Nichts käme dem Autor gelegener, als wenn sie nachgelesen würde. „Tradition“ fällt so exakt in den Umkreis der „Kritik des Musikanten“, daß die besonders auffälligen Berührungen mit anderen seiner Abhandlungen, auch solchen aus dem demnächst erscheinenden zweiten Band seiner musikalischen Schriften, den Autor nicht davon abzuhalten vermochten, der Arbeit die Stelle zuzuweisen, die ihr sachlich gebührt.

Das „Altern der neuen Musik“ wiederum war ursprünglich ein Vortrag, gehalten im April 1954 im Süddeutschen Rundfunk bei Gelegenheit einer Festwoche neuer Musik. Er führt Motive durch, die schon in der „Philosophie der neuen Musik“ exponiert waren, also ehe es eine serielle Schule gab. Gegen den Mißbrauch dialektischer Erwägungen für restaurative Zwecke gibt es keinen Schutz; doch war, gerade nach der Publikation des „Alterns“, solcher Mißbrauch so eklatant, daß gesagt sein mag, es wolle die Theorie nicht die Forderung musikalischer Konstruktion aufweichen, sondern zur Reflexion ihrer selbst weitertreiben, bis sie den drohenden Materialfetischismus durchbricht. Unterdessen hat die serielle Schule Werke wie den „Marteau sans maître“ von Boulez und die „Zeitmaße“ von Stockhausen hervorgebracht, die mit kompositionsfremder Bastelei nichts mehr gemein haben, und Stockhausen hat auch theoretisch die Frage nach der musikalischen Zeit aufgeworfen, die im Zentrum des „Alterns“ steht. Ob die Kritik des Autors zu dieser jüngsten Tendenz beitrug, ist nicht an ihm zu beurteilen.

Gründen tatsächlich die Symptome, welche die Abhandlungen auf ihre gemeinsame Wurzel zurückverfolgen möchten, tief im gesellschaftlichen Prozeß, so wäre die Hoffnung illusionär, vom Einzelnen aus durch bloße theoretische Einsicht und gar durch positive Programme Entscheidendes zu ändern. Nicht unnütz aber ist vielleicht die Selbstbesinnung, die dort einsetzt, wo der Gedanke ohne Rücksicht und Angst dem Bestürzenden sich stellt.

*Frühjahr 1963*

# ÜBER DEN FETISCHCHARAKTER IN DER MUSIK UND DIE REGRESSION DES HÖRENS

Klagen über den Verfall des musikalischen Geschmacks sind kaum jünger als die zwiespältige Erfahrung, welche die Menschheit auf der Schwelle zum historischen Zeitalter machte: daß Musik zugleich die unvermittelte Kundgabe des Triebes und die Instanz zu dessen Sänftigung darstellt. Sie erweckt den Tanz der Mänaden, sie tönt aus der berückenden Flöte Pans, aber sie klingt ebensowohl aus der orphischen Leier, um welche die Gestalten des Dranges gestillt sich versammeln. Wann immer deren Frieden von bacchantischen Regungen aufgestört scheint, ist vom Verfall des Geschmacks die Rede. Wenn aber seit der griechischen Noetik die disziplinierende Funktion von Musik als hohes Gut hingenommen blieb, dann drängen gewiß heute mehr als je alle sich danach, musikalisch parieren zu dürfen wie anderwärts. So wenig indessen das gegenwärtige musikalische Bewußtsein der Massen dionysisch heißen darf, so wenig haben auch dessen jüngste Veränderungen mit Geschmack überhaupt zu tun. Der Begriff des Geschmacks selber ist überholt. Die verantwortliche Kunst richtet sich an Kriterien aus, die der Erkenntnis nahekommen: des Stimmigen und Unstimmigen, des Richtigen und Falschen. Sonst aber wird nicht mehr gewählt; die Frage wird nicht mehr gestellt, und keiner verlangt die subjektive Rechtfertigung der Konvention: die Existenz des Subjekts selbst, das solchen Geschmack bewähren könnte, ist so fragwürdig geworden wie am Gegenpol das Recht zur Freiheit einer Wahl, zu der es empirisch ohnehin nicht mehr kommt. Sucht man etwa auszufinden, wem ein marktgängiger Schlager „gefalle", so kann man sich des Verdachtes nicht erwehren, daß Gefallen und Mißfallen dem Tatbestand unangemessen sind, mag immer der Befragte seine Reaktionen in jene Worte kleiden. Die Bekanntheit des Schlagers setzt sich an Stelle des ihm zugesprochenen Wertes: ihn mögen, ist fast geradeswegs dasselbe wie ihn wiedererkennen. Das wertende Verhalten ist für den zur Fiktion geworden, der sich von standardisierten Musikwaren umzingelt findet. Er kann sich weder der Übermacht entziehen noch zwischen dem Präsentierten entscheiden, wo alles einander so vollkommen gleicht, daß die Vorliebe in der Tat bloß am biographischen Detail haftet oder an der Situation, in der zugehört wird. Die Kategorien der autonom intendierten Kunst sind für die gegenwärtige Rezeption von Musik außer Geltung: weithin auch für die der ernsten, die man unter dem barbarischen Namen des Klassischen umgänglich gemacht hat, um sich ihr weiter bequem entziehen zu können. Wird eingewandt, die spezifisch leichte Musik und alle zum Konsum bestimmte sei ohnehin niemals nach jenen Kategorien erfahren worden, so ist das gewiß einzuräumen. Gleichwohl ist sie vom Wechsel betroffen: nämlich eben gerade darin, daß sie die Unterhaltung, den Reiz, den Genuß, den sie verspricht, gewährt, bloß um ihn zugleich zu verweigern. Aldous Huxley hat in einem Essay die Frage aufgeworfen, wer in einem Amüsierlokal sich eigentlich noch amüsiere. Mit gleichem Recht ließe sich fragen, wen die Unterhaltungsmusik noch unterhalte. Viel eher scheint sie dem Verstummen der Menschen, dem Absterben der Sprache als Ausdruck, der Unfähigkeit, sich überhaupt mitzuteilen, komplementär. Sie bewohnt die Lücken des Schweigens, die sich zwischen den von Angst, Betrieb und einspruchsloser Fügsamkeit verformten Menschen bilden. Sie übernimmt allenthalben und unvermerkt die todtraurige Rolle, die ihr in der Zeit und der bestimmten Situation des stummen Films zukam. Sie wird bloß noch als Hintergrund apperzipiert. Wenn keiner mehr wirklich reden kann, dann kann gewiß keiner mehr zuhören. Ein amerikanischer Fachmann für die Radioreklame, die ja mit Vorliebe des musikalischen Mediums sich bedient, hat sich über den Wert dieser Reklame skeptisch geäußert, da die Menschen gelernt hätten, selbst während des Hörens dem Gehörten die Aufmerksamkeit zu versagen. Seine Beobachtung ist anfechtbar, was den Reklamewert von Musik anlangt. Ihre Tendenz ist richtig, wenn es um die Auffassung der Musik selber geht.

In den herkömmlichen Klagen über verfallenden Geschmack kehren einige Motive beharrlich wieder. Sie fehlen auch den muffigen und sentimentalen Betrachtungen nicht, welche dem gegenwärtigen musikalischen Massenzustand als einem von „Degeneration“ gelten. Das züheste dieser Motive ist das des Sinnenreizes, der verweichlichen und zur heroischen Haltung untauglich machen soll. Das gibt es schon im dritten Buch des Platonischen Staats, wo die „klagenden“ ebenso wie die „weichlichen“ Tonarten, „die sich für Gelage eignen“ [1], verpönt werden, ohne daß im übrigen bis heute klar wäre, warum der Philosoph eigentlich der mixolydischen, lydischen, hypolydischen und jonischen Tonart jene Eigenschaften zuschreibt. Im Platonischen Staat wäre das Dur der späteren abendländischen Musik, das dem Jonischen entspricht, als entartet tabuiert. Auch die Flöte und die „vielsaitigen“ Zupfinstrumente verfallen dem Verbot. Von Tonarten werden nur die übriggelassen, „die in passender Weise Stimme und Ausdruck des Menschen“ nachahmen, „der im Kriege oder bei jeder beliebigen Tat, die Kraft fordert, seinen Mann stellt, mag er sich auch einmal dabei irren und Wunden und Tod entgegengehn oder in ein Unglück geraten“ [2]. Der Platonische Staat ist nicht die Utopie, als welche die offizielle Philosophiegeschichte ihn verzeichnet. Er diszipliniert seine Bürger um seines Bestehens und des Bestehenden willen auch in der Musik, wo die Teilung nach weichlichen und kraftvollen Tonarten selber bereits zu Platons Zeit kaum mehr wohl war als ein Rückstand des dumpfesten Aberglaubens. Die Platonische Ironie gibt sich willig und hämisch dazu her, den vom maßvollen Apollon geschundenen Flötenspieler Marsyas zu verspotten. Platons ethisch-musikalisches Programm trägt den Charakter einer attischen Säuberungsaktion spartanischen Stils. — In die gleiche Schicht gehören andere perennierende Züge der musikalischen Kapuzinerpredigt. Der Vorwurf der Oberflächlichkeit und der des „Personenkults“ sind unter ihnen die markantesten. All dies Inkriminierte gehört zunächst zum Fortschritt: gesellschaftlich so gut wie spezifisch-ästhetisch. In den verbotenen Reizen verschränken sich sinnliche Buntheit und differenzierendes Bewußtsein. Die Präponderanz der Person über den kollektiven Zwang in Musik indiziert das Moment der subjektiven Freiheit, das sie in späteren Phasen durchdringt, und als Oberflächlichkeit stellt sich jene Profanität dar, welche sie aus

[1] Staat, Übertragung von Preisendanz, Jena 1920, St. 398.

[2] A.a.O., St. 399.

1 hartnäckig 2 anzeigen

ihrer magischen Beklemmung löst. So sind die beklagten Momente in die große abendländische Musik eingegangen: der Sinnenreiz als Einfallstor in die harmonische und schließlich die koloristische Dimension; die ungezügelte Person als Trägerin des Ausdrucks und der Vermenschlichung der Musik selber; die „Oberflächlichkeit" als Kritik der stummen Objektivität der Formen im Sinne von Haydns Entscheidung fürs „Galante" gegen das Gelehrte. Freilich der Entscheidung Haydns und nicht der Sorglosigkeit eines Sängers mit Gold in der Kehle oder eines Instrumentators des geschleckten Wohllauts. Denn eingegangen sind jene Momente in die große Musik und in ihr aufgehoben; nicht aber ist die große Musik aufgegangen in ihnen. Am Mannigfaltigen von Reiz und Ausdruck erprobt sich ihre Größe als Kraft zur Synthesis. Nicht bloß konserviert die musikalische Synthesis die Einheit des Scheins und behütet sie davor, in diffuse Augenblicke des Wohlschmeckenden zu zerfallen. Sondern in solcher Einheit, in der Relation der partikularen Momente zu einem sich produzierenden Ganzen, wird auch das Bild eines gesellschaftlichen Zustands festgehalten, in dem allein jene partikularen Elemente von Glück mehr wären als gerade Schein. Bis zum Ende der Vorgeschichte bleibt das musikalische Gleichgewicht von partialem Reiz und Totalität, von Ausdruck und Synthesis, von Oberfläche und Darunterliegendem so labil wie die Augenblicke des Gleichgewichts von Angebot und Nachfrage in der bürgerlichen Wirtschaft. Die „Zauberflöte", in der die Utopie der Emanzipation und das Vergnügen am Singspielcouplet genau koinzidieren, ist ein Augenblick selber. Nach der „Zauberflöte" haben ernste und leichte Musik sich nicht mehr zusammenzwingen lassen.

Was aber dann vom Formgesetz sich emanzipiert, sind nicht länger mehr produktive Impulse, die gegen Konventionen aufbegehrten. Reiz, Subjektivität und Profanität, die alten Widersacher der dinghaften Entfremdung, verfallen gerade dieser. Die überlieferten antimythologischen Fermente der Musik verschwören sich im kapitalistischen Zeitalter gegen die Freiheit, als deren Wahlverwandte sie einmal verfemt waren. Die Träger der Opposition gegen das autoritäre Schema werden zu Zeugen der Autorität des marktmäßigen Erfolgs. Die Lust des Augenblicks und der bunten Fassade wird zum Vorwand, den Hörer vom

Denken des Ganzen zu entbinden, dessen Anspruch im rechten Hören enthalten ist, und der Hörer wird auf der Linie seines geringsten Widerstandes in den akzeptierenden Käufer verwandelt. Nicht länger mehr fungieren die Partialmomente kritisch gegenüber dem vorgedachten Ganzen, sondern sie suspendieren die Kritik, welche die gelungene ästhetische Totalität an der brüchigen der Gesellschaft übt. Die synthetische Einheit wird ihnen geopfert; sie produzieren keine eigene mehr an Stelle der verdinglichten, sondern zeigen sich dieser willfährig. Die isolierten Reizmomente erweisen sich als mit der immanenten Konstitution des Kunstwerks unvereinbar, und ihnen fällt zum Opfer, worin immer das Kunstwerk zur verbindlichen Erkenntnis transzendiert. Schlecht sind sie nicht als solche, sondern durch ihre abblendende Funktion. Dienstbar dem Erfolg, begeben sie sich selber des unbotmäßigen Zuges, der ihnen eignete. Sie verschwören sich zum Einverständnis mit allem, was der isolierte Augenblick einem isolierten Einzelnen zu bieten vermag, der längst keiner mehr ist. In der Isolierung werden die Reize stumpf und geben Schablonen des Anerkannten ab. Wer ihnen sich verschreibt, ist so hämisch wie einst die Noetiker gegen den orientalischen Sinnenreiz. Die Verführungskraft des Reizes überlebt dort bloß, wo die Kräfte der Versagung am stärksten sind: in der Dissonanz, die dem Trug der bestehenden Harmonie den Glauben verweigert. Der Begriff des Asketischen selber ist in der Musik dialektisch. Schlug ehedem Askese den ästhetischen Anspruch reaktionär nieder, so ist sie heute zum Siegel der avancierten Kunst geworden: freilich nicht durch eine archaisierende Kargheit der Mittel, in der Mangel und Armut verklärt werden, sondern durch strikten Ausschluß all des kulinarisch Wohlgefälligen, das unmittelbar, für sich konsumiert werden will, als wäre nicht in der Kunst das Sinnliche Träger eines Geistigen, das im Ganzen erst sich darstellt anstatt in isolierten Stoffmomenten. Kunst verzeichnet negativ eben jene Glücksmöglichkeit, welcher die bloß partielle positive Vorwegnahme des Glücks heute verderblich entgegensteht. Alle „leichte“ und angenehme Kunst ist scheinhaft und verlogen geworden: was in Genußkategorien ästhetisch auftritt, kann nicht mehr genossen werden, und die promesse du bonheur, als welche man einmal Kunst definiert hat, ist nirgends mehr zu finden, als wo dem falschen Glück die Maske heruntergerissen wird. Genuß hat seine Stelle nur noch in der unvermittelten, leibhaften Präsenz. Wo er des ästhetischen Scheins bedarf, ist er scheinhaft nach ästhetischen Maßstäben und betrügt zugleich den Genießenden um sich selber. Einzig wo sein Schein fehlt, wird seiner Möglichkeit die Treue gehalten.

Die neue Phase des musikalischen Bewußtseins der Massen wird definiert durch Genußfeindschaft im Genuß. Es ähnelt sich den Verhaltensweisen an, mit denen auf Sport reagiert wird oder auf Reklame. Das Wort Kunstgenuß klingt komisch: wenn nirgends sonst, dann gleicht die Musik Schönbergs den Schlagern darin, daß sie sich nicht genießen läßt. Wer sich noch an den schönen Stellen eines Schubertquartetts oder gar an der provokant gesunden Kost eines Händelschen Concerto grosso labt, rangiert als vermeintlicher Bewahrer der Kultur unter den Schmetterlingssammlern. Was ihn zu solcherlei Genießern verweist, ist nicht etwa „neu". Die Gewalt des Gassenhauers, des Melodiösen und all der wimmelnden Figuren des Banalen macht sich seit der bürgerlichen Frühzeit geltend. Sie hat vormals das Bildungsprivileg der herrschenden Schicht attackiert. Heute aber, da jene Macht des Banalen sich übers Gesellschaftsganze erstreckt, hat sich ihre Funktion gewandelt. Der Funktionswechsel betrifft alle Musik; nicht bloß die leichte, in deren Bereich er sich bequem genug als bloß „graduell", unter Hinweis auf die mechanischen Verbreitungsmittel, verharmlosen ließe. Die auseinanderklaffenden Sphären der Musik müssen zusammengedacht werden. Ihre statische Trennung, wie jene Bewahrer der Kultur sie angelegentlich betreiben — man hat etwa dem totalitären Rundfunk die Aufgabe gestellt, einerseits für gute Unterhaltung und Zerstreuung zu sorgen und andererseits die sogenannten Kulturgüter zu pflegen, als ob es gute Unterhaltung überhaupt noch geben könnte und als ob nicht die Kulturgüter eben durch ihre Pflege in Schlechtes sich verwandelten —, die säuberliche Aufteilung des gesellschaftlichen Spannungsfeldes der Musik ist illusionär. Wie die ernste Musik seit Mozart ihre Geschichte hat an der Flucht vor dem Banalen und als Negativ die Umrisse der leichten reflektiert, so legt sie heute in ihren entscheidenden Repräsentanten Rechenschaft ab von düsteren Erfahrungen, die noch in der ahnungslosen Harmlosigkeit der leichten ahnungsvoll sich indizieren. Umgekehrt wäre es ebenso bequem, den Bruch beider Sphären zu verhüllen und ein Kontinuum anzunehmen, das es der progressiven Erziehung erlaubte, von kommerziellem Jazz und Schlagern zu den Kulturgütern ungefährdet zu geleiten. Zynische Barbarei ist keineswegs besser als kulturelle Verlogenheit. Was sie an Desillusionierung des Oberen zuwege bringt, macht sie wett durch die Ideologien von Ursprünglichkeit und Naturverbundenheit, durch welche sie die musikalische Unterwelt verklärt: eine Unterwelt, die längst nicht etwa mehr dem Widerspruch der von Bildung Ausgeschlossenen zum Ausdruck verhilft, sondern bloß noch zehrt von dem, was ihr von oben zugeteilt wird. Die Illusion vom gesellschaftlichen Vorrecht der leichten Musik über die ernste hat zum Grunde eben jene Passivität der Massen, welche den Konsum der leichten Musik in Widerspruch zu den objektiven Interessen derer bringt, die sie konsumieren. Man beruft sich darauf, daß sie die leichte Musik in der Tat mögen und von der oberen nur aus Gründen des sozialen Prestiges Notiz nehmen, während die Kenntnis eines einzigen Schlagertextes genügt, zu enthüllen, welche Funktion das ehrlich Bejahte allein auszuüben vermag. Die Einheit der beiden Sphären der Musik ist danach die des ungelösten Widerspruchs. Sie hängen nicht zusammen etwa derart, daß die untere eine Art volkstümlicher Propädeutik für die obere ausmachte oder daß die obere ihre verlorene kollektive Kraft von der unteren ausborgen könnte. Aus den zersprungenen Hälften läßt das Ganze sich nicht zusammenaddieren, aber in jeder erscheinen, wie sehr auch perspektivisch, die Veränderungen des Ganzen, das anders nicht sich bewegt als im Widerspruch. Wird die Flucht vor dem Banalen definitiv, schrumpft die Absatzfähigkeit der ernsten Produktion im Verfolg von deren sachlichen Anforderungen auf nichts zusammen, so bewirkt unten die Standardisierung der Erfolge, daß es zum Erfolg alten Stils gar nicht mehr kommt, sondern nur noch zum Mitmachen. Zwischen Unverständlichkeit und Unentrinnbarkeit ist kein Drittes: der Zustand hat sich nach Extremen polarisiert, die tatsächlich sich berühren. Für das „Individuum“ ist zwischen ihnen kein Raum. Dessen Anforderungen, wo etwa sie noch ergehen, sind scheinhaft, nämlich den

Standards nachgebildet. Die Liquidierung des Individuums ist die eigentliche Signatur des neuen musikalischen Zustands.

Sind die beiden Sphären der Musik bewegt in der Einheit ihres Widerspruchs, dann variiert ihre Demarkationslinie. Die vorgeschrittene Produktion hat sich vom Konsum losgesagt. Der Rest der ernsten Musik wird ihm ausgeliefert um den Preis ihres Gehalts. Er verfällt dem Waren-Hören. Die Unterschiede in der Rezeption der offiziellen „klassischen“ und der leichten Musik haben keine reale Bedeutung mehr. Sie werden einzig noch aus Gründen der Absatzfähigkeit manipuliert: dem Schlagerenthusiasten muß ebenso versichert werden, daß seine Idole nicht zu hoch für ihn seien, wie dem Besucher der Philharmoniker sein Niveau bestätigt. Je geflissentlicher der Betrieb Drahtzäune zwischen den musikalischen Provinzen errichtet, um so größer der Verdacht, daß ohne diese die Bewohner nur allzu leicht sich verständigen könnten. Toscanini so gut wie der nächstbeste Unterhaltungskapellmeister werden Maestro genannt, ob auch dieser halb ironisch, und ein Schlager, „Music, maestro, please“, hatte seinen Erfolg, unmittelbar nachdem Toscanini mit Hilfe des Rundfunks zum Marschall der Lüfte avancierte. Das Reich jenes Musiklebens, das von Kompositionsunternehmen wie Irving Berlin und Walter Donaldson — „the world's best composer“ — über Gershwin, Sibelius und Tschaikowsky bis zu Schuberts als The Unfinished gestempelter h-moll-Symphonie friedvoll sich erstreckt, ist eines von Fetischen. Das Prinzip des Stars ist totalitär geworden. Die Reaktionen der Hörer scheinen sich aus der Beziehung zum Vollzug der Musik zu lösen und unmittelbar dem akkumulierten Erfolg zu gelten, der seinerseits nicht entfernt durch vergangene Spontaneitäten des Hörens zureichend begriffen werden kann, sondern auf das Kommando der Verleger, Tonfilmmagnaten und Rundfunkherrn zurückdatiert. Stars sind keineswegs bloß die berühmten Personennamen. Die Werke beginnen ähnlich zu fungieren. Es erbaut sich ein Pantheon von best sellers. Die Programme schrumpfen ein, und der Schrumpfungsprozeß scheidet nicht nur das mittlere Gut aus, sondern die akzeptierten Klassiker selber unterliegen einer Selektion, die mit der Qualität nichts zu tun hat: Beethovens Vierte Symphonie rechnet in Amerika bereits zu den Seltenheiten. Diese Selektion reproduziert sich in fatalem

Zirkel: das Bekannteste ist das Erfolgreichste; daher wird es immer wieder gespielt und noch bekannter gemacht. Die Auswahl der Standardwerke selbst richtet sich nach ihrer „Wirksamkeit“ im Sinne eben der Erfolgskategorien, welche die leichte Musik determinieren oder dem Stardirigenten gestatten, programmgemäß zu faszinieren; die Steigerungen von Beethovens Siebenter Symphonie rangieren auf gleicher Stufe mit der unsäglichen Hornmelodie aus dem langsamen Satz von Tschaikowskys Fünfter. Melodie heißt da soviel wie achttaktig-symmetrische Oberstimmenmelodie. Diese wird als „Einfall“ des Komponisten verbucht, den man meint, als Besitz nach Hause nehmen zu können, so wie er dem Komponisten als dessen Grundeigentum zugeschrieben wird. Der Begriff des Einfalls ist gerade der als klassisch etablierten Musik weithin unangemessen. Ihr thematisches Material, meist zerlegte Dreiklänge, gehört keineswegs dem Autor in jener spezifischen Weise an wie etwa im romantischen Lied, und Beethovens Größe mißt sich an der völligen Unterordnung des zufällig-privaten melodischen Elements unter das Formganze. Das hindert nicht, daß alle Musik, wäre es selbst Bach, der einige der wichtigsten Themen des Wohltemperierten Klaviers entlehnte, unter der Kategorie des Einfalls wahrgenommen und daß mit allem Eifer des Besitzglaubens nach musikalischen Diebstählen gefahndet wird, so daß schließlich ein Musikkommentator seinen Erfolg an den Titel eines Melodiendetektivs heften konnte. — Am leidenschaftlichsten bemächtigt sich der musikalische Fetischismus der öffentlichen Einschätzung von Singstimmen. Ihr sinnlicher Zauber ist traditionell und ebenso die enge Bindung des Erfolgs an die Person des mit „Material“ Begabten. Aber heute wird vergessen, daß es Material ist. Eine Stimme haben und ein Sänger sein, sind für den musikalischen Vulgärmaterialisten synonyme Ausdrücke. In früheren Epochen wurde von Gesangsstars, von Kastraten und Primadonnen, zumindest technische Virtuosität verlangt. Heute wird das Material als solches, bar jeglicher Funktion, gefeiert. Nach der musikalischen Darstellungsfähigkeit braucht man gar nicht erst zu fragen. Selbst die mechanische Verfügung über die Mittel wird eigentlich nicht mehr erwartet. Eine Stimme muß nur noch besonders dick oder besonders hoch sein, um den Ruhm ihres Eigentümers zu legitimieren. Wer es jedoch wagen wollte, auch nur in der Konversation die entscheidende Wichtigkeit der Stimme zu bezweifeln und die Ansicht zu vertreten, daß man mit einer mäßigen Stimme ebenso schön musizieren könne wie auf einem mäßigen Klavier gut spielen, der wird sich sogleich einer Situation der Feindseligkeit und Abwehr gegenüberfinden, die affektiv weit tiefer reicht als der Anlaß. Die Stimmen sind heilige Güter gleich einer nationalen Fabrikmarke. Als wollten sich die Stimmen dafür rächen, beginnen sie eben den sinnlichen Zauber einzubüßen, in dessen Namen sie gehandelt werden. Meist klingen sie wie Imitationen der arrivierten, auch wenn sie selber arriviert sind. — All das steigert sich ins offen Absurde beim Kultus der Meistergeigen. Man gerät prompt in Verzückung über den gut annoncierten Klang einer Stradivarius oder Amati, die nur das Spezialistenohr von einer anständigen modernen Geige unterscheiden kann, und vergißt darüber, der Komposition und der Aufführung zuzuhören, aus der sich immer noch etwas entnehmen ließe. Je mehr die moderne Technik des Geigenbaus fortschreitet, um so höher werden offensichtlich die alten Instrumente geschätzt. Werden die sensuellen Reizmomente des Einfalls, der Stimme, des Instruments fetischisiert und aus allen Funktionen herausgebrochen, die ihnen Sinn verleihen könnten, so antworten ihnen in gleicher Isoliertheit, gleich weit weg von der Bedeutung des Ganzen und gleich determiniert durch den Erfolg, die blinden und irrationalen Emotionen als die Beziehungen zur Musik, in welche Beziehungslose treten. Das sind aber die gleichen, in welchen der Schlagerkonsument zu den Schlagern steht. Nahe ist ihnen nur noch das vollendet Fremde, und fremd, wie durch einen dichten Schleier vom Bewußtsein der Massen geschieden, was für die Stummen zu reden versucht. Wo sie überhaupt reagieren, macht es schon keinen Unterschied mehr, ob es sich um die Siebente Symphonie oder das Badehöschen handelt.

Der Begriff des musikalischen Fetischismus ist nicht psychologisch herzuleiten. Daß „Werte" konsumiert werden und Affekte auf sich ziehen, ohne daß ihre spezifischen Qualitäten vom Bewußtsein des Konsumenten noch erreicht würden, ist ein später Ausdruck ihres Warencharakters. Denn das gesamte gegenwärtige Musikleben wird von der Warenform beherrscht:

die letzten vorkapitalistischen Rückstände sind beseitigt. Musik, mit all den Attributen des Ätherischen und Sublimen, die ihr freigebig gespendet werden, dient in Amerika wesentlich der Reklame von Waren, die man erwerben muß, um Musik hören zu können. Wird die Reklamefunktion im Bereich der ernsten Musik sorgfältig abgeblendet, so schlägt sie in der leichten allenthalben durch. Der ganze Jazzbetrieb mit der Gratisverteilung der Noten an die Kapellen ist darauf abgestellt, daß die tatsächliche Aufführung für den Kauf der Klavierauszüge und Grammophonplatten wirbt; ungezählte Schlagertexte preisen den Schlager selber an, dessen Titel sie in Majuskeln wiederholen. Was aus solchen Buchstabenmassiven götzenhaft blickt, ist der Tauschwert, in dem das Quantum möglichen Vergnügens verschwunden ist. Marx bestimmt den Fetischcharakter der Ware als die Veneration des Selbstgemachten, das als Tauschwert Produzenten und Konsumenten — den „Menschen" — sich gleichermaßen entfremdet: „Das Geheimnisvolle der Warenform besteht also einfach darin, daß sie den Menschen die gesellschaftlichen Charaktere ihrer eigenen Arbeit als gegenständliche Charaktere der Arbeitsprodukte selbst, als gesellschaftliche Natureigenschaften dieser Dinge zurückspiegelt, daher auch das gesellschaftliche Verhältnis der Produzenten zur Gesamtarbeit als ein außer ihnen existierendes gesellschaftliches Verhältnis von Gegenständen."[3] Dies Geheimnis ist das wahre des Erfolgs. Er ist die bloße Reflexion dessen, was man auf dem Markt für das Produkt zahlt: recht eigentlich betet der Konsument das Geld an, das er selber für die Karte zum Toscaninikonzert ausgegeben hat. Buchstäblich hat er den Erfolg „gemacht", den er verdinglicht und als objektives Kriterium akzeptiert, ohne darin sich wiederzuerkennen. Aber „gemacht" hat er ihn nicht dadurch, daß ihm das Konzert gefiel, sondern dadurch, daß er die Karte kaufte. Freilich setzt sich im Bereich der Kulturgüter der Tauschwert auf besondere Weise durch. Denn dies Bereich erscheint in der Warenwelt eben als von der Macht des Tausches ausgenommen, als eines der Unmittelbarkeit zu den Gütern, und dieser Schein ist es wiederum, dem die Kulturgüter ihren Tauschwert allein verdanken. Zugleich je-

---

[3] Das Kapital, Volksausgabe, Wien-Berlin 1932, Bd. I, S. 77.

1 Verehrung

doch fallen sie vollständig in die Warenwelt hinein, werden für den Markt verfertigt und richten sich nach dem Markt. So dicht ist der Schein der Unmittelbarkeit wie der Zwang des Tauschwerts unerbittlich. Das gesellschaftliche Einverständnis harmonisiert den Widerspruch. Der Schein von Unmittelbarkeit bemächtigt sich des Vermittelten, des Tauschwerts selber. Setzt die Ware allemal sich aus Tauschwert und Gebrauchswert zusammen, so wird der reine Gebrauchswert, dessen Illusion in der durchkapitalisierten Gesellschaft die Kulturgüter bewahren müssen, durch den reinen Tauschwert ersetzt, der gerade als Tauschwert die Funktion des Gebrauchswertes trügend übernimmt. In diesem quid pro quo konstituiert sich der spezifische Fetischcharakter der Musik: die Affekte, die auf den Tauschwert gehen, stiften den Schein des Unmittelbaren, und die Beziehungslosigkeit zum Objekt dementiert ihn zugleich. Sie gründet in der Abstraktheit des Tauschwerts. Von solcher gesellschaftlichen Substitution hängt alle spätere „psychologische", alle Ersatzbefriedigung ab.

Der Funktionswechsel der Musik rührt an Grundbestände des Verhältnisses von Kunst und Gesellschaft. Je unerbittlicher das Prinzip des Tauschwerts die Menschen um die Gebrauchswerte bringt, um so dichter vermummt sich der Tauschwert selbst als Gegenstand des Genusses. Man hat nach dem Kitt gefragt, der die Warengesellschaft noch zusammenhält. Zur Erklärung mag jene Übertragung vom Gebrauchswert der Konsumgüter auf ihren Tauschwert innerhalb einer Gesamtverfassung beitragen, in der schließlich jeder Genuß, der vom Tauschwert sich emanzipiert, subversive Züge annimmt. Die Erscheinung des Tauschwerts an den Waren hat eine spezifische Kittfunktion übernommen. Die Frau, die Geld zum Einkaufen hat, berauscht sich am Akt des Einkaufens. Having a good time heißt in der amerikanischen Sprachkonvention: beim Vergnügen der andern dabeisein, das seinerseits auch bloß das Dabeisein zum Inhalt hat. Die Autoreligion läßt im sakramentalen Augenblick zu den Worten: „Das ist ein Rolls Royce", alle Menschen zu Brüdern werden, und Frauen lassen sich in Situationen der Intimität die Erhaltung von Frisur und Schminke angelegener sein als die Situation, der Frisur und Schminke zubestimmt sind. Die Beziehung zum Beziehungslosen verrät ihr gesellschaftliches Wesen im Gehorsam. Das chauffierende Paar, das seine Zeit damit zubringt, jeden begegnenden Wagen zu identifizieren und froh zu sein, wenn es über die lancierten Marken verfügt, das Mädchen, das seine Befriedigung nur noch darin hat, daß es und sein Freund „gut aussehen“, die Expertise des Jazzenthusiasten, der sich legitimiert, indem er über das ohnehin Unausweichliche Bescheid weiß: all das bewegt sich nach dem gleichen Befehl. Vor den theologischen Mucken der Waren werden die Konsumenten zu Hierodulen:[1] die nirgends sonst sich preisgeben, hier vermögen sie es, und hier vollends werden sie betrogen.

Im Warenfetischisten neuen Stils, im „sadomasochistischen Charakter“ und im Akzeptanten der heutigen Massenkunst stellt sich die gleiche Sache nach verschiedenen Seiten dar. Die masochistische Massenkultur ist die notwendige Erscheinung der allmächtigen Produktion selber. Die affektive Besetzung des Tauschwerts ist keine mystische Transsubstantiation. Sie entspricht der Verhaltensweise des Gefangenen, der seine Zelle liebt, weil nichts anderes zu lieben ihm gelassen wird. Die Preisgabe der Individualität, die in die Regelhaftigkeit des Erfolgreichen sich einpaßt; das Tun dessen, was jeder tut, folgt aus dem Grundfaktum, daß von der standardisierten Produktion der Konsumgüter in weiten Grenzen jedem dasselbe angeboten wird. Die marktmäßige Notwendigkeit zur Verhüllung dieser Gleichheit aber führt zum manipulierten Geschmack und zum individuellen Schein der offiziellen Kultur, der notwendig proportional mit der Liquidierung des Individuums wächst. Auch im Bereich des Überbaus ist der Schein nicht bloß die Verhüllung des Wesens, sondern geht aus dem Wesen selber zwangvoll hervor. Die Gleichheit des Angebotenen, das alle abnehmen müssen, maskiert sich in der Strenge des allgemeinverbindlichen Stils; die Fiktion des Verhältnisses von Angebot und Nachfrage lebt fort in den fiktiv-individuellen Nuancen. Wenn die Geltung des Geschmacks in der gegenwärtigen Situation bestritten ward, so läßt sich recht wohl erkennen, woraus Geschmack in dieser Situation sich komponiert. Das Sicheinfügen rationalisiert sich als Zucht, Feindschaft gegen Willkür und Anarchie: so gründlich wie die musikalischen Reize ist heute auch die musikalische Noetik verkommen und hat ihre Parodie an den stur aus-

1 Tempelsklaven

gezählten Taktschlägen. Dazu gehört ergänzend die zufällige Differenzierung im strikten Rahmen des Gebotenen. Wenn aber das liquidierte Individuum wirklich die vollendete Äußerlichkeit der Konventionen leidenschaftlich zur eigenen Sache macht, dann ist das goldene Zeitalter des Geschmacks angebrochen im gleichen Augenblick, in dem es keinen Geschmack mehr gibt.

Die Werke, die der Fetischisierung unterliegen und zu Kulturgütern werden, erfahren dadurch konstitutive Veränderungen. Sie werden depraviert. Der beziehungslose Konsum läßt sie zerfallen. Nicht bloß, daß die wenigen wieder und wieder gespielten sich abnutzen wie die Sixtinische Madonna im Schlafzimmer. Die Verdinglichung ergreift ihre inwendige Struktur. Sie verwandeln sich in ein Konglomerat von Einfällen, die durch die Mittel von Steigerung und Wiederholung den Hörern eingeprägt werden, ohne daß die Organisation des Ganzen über diese das mindeste vermöchte. Der Erinnerungswert der dissoziierten Teile, wie er sich den Steigerungen und Wiederholungen verdankt, besitzt in der großen Musik selber seine Vorform an spätromantischen Kompositionstechniken, zumal der Wagnerschen. Je verdinglichter die Musik, um so romantischer klingt sie den entfremdeten Ohren. Gerade damit wird sie zum „Eigentum". Eine Beethovensche Symphonie als ganze, spontan mitvollzogen, ließe nie sich aneignen. Der Mann, der in der Untergrundbahn das Thema des Finales der Ersten von Brahms laut triumphierend pfeift, hat es bereits nur mehr mit deren Trümmern zu tun. Indem aber der Zerfall der Fetische diese selber gefährdet und virtuell den Schlagern annähert, produziert er eine Gegentendenz, um ihren Fetischcharakter zu bewahren. Zehrt die Romantisierung des Einzelnen am Körper des Ganzen, dann wird der gefährdete galvanisch verkupfert. Die Steigerung, welche eben die verdinglichten Teile unterstreicht, nimmt den Charakter eines magischen Rituals an, in dem all die Mysterien von Persönlichkeit, Innerlichkeit, Beseelung und Spontaneität vom Reproduzierenden beschworen werden, welche aus dem Werk selber entwichen sind. Gerade weil das zerfallende Werk der Momente seiner Spontaneität sich begibt, werden diese, stereotyp so gut wie die Einfälle, von außen ihnen injiziert. Allem Gerede von neuer Sachlichkeit zum Trotz ist die wesentliche Funktion konformistischer Aufführungen nicht sowohl mehr die Darstellung des „reinen" Werkes als die Präsentation des depravierten[1] mit einer Gestik, welche Depravation emphatisch und ohnmächtig von ihm fernzuhalten strebt.

Depravation und Magisierung, feindliche Geschwister, hausen gemeinsam in den Arrangements, die über weite Bezirke der Musik angesiedelt sind. Die Praxis der Arrangements erstreckt sich nach den verschiedensten Dimensionen. Einmal bemächtigt sie sich der Zeit. Sie bricht die verdinglichten Einfälle handgreiflich aus ihrem Zusammenhang heraus und montiert sie zum Potpourri: sie zerschlägt die vielschichtige Einheit ganzer Werke und führt bloß einzelne gewinnende Sätze vor: das Menuett aus Mozarts Es-Dur-Symphonie, ohne die andern Sätze gespielt, büßt seine symphonische Verbindlichkeit ein und verwandelt sich unter den Händen der Aufführung in ein kunstgewerbliches Genrestück, das mehr mit der Stephanie-Gavotte zu tun hat als mit jener Art Klassizität, für die es Reklame machen soll. Dann aber wird das Arrangement zum Prinzip der Koloristik. Sie arrangieren, wessen immer sie sich bemächtigen können, solange nicht das Diktat berühmter Interpreten es verbietet. Sind im Bereich der leichten Musik die Arrangeure die einzigen geschulten Musiker, so fühlen sie sich berufen, mit den Kulturgütern desto unbefangener umzuspringen. Von ihnen werden für die Besetzungsarrangements allerlei Gründe vorgebracht: im Falle großer Orchesterwerke sollen sie zur Verbilligung helfen, oder es wird den Komponisten mangelhafte Instrumentationstechnik vorgeworfen. Diese Gründe sind jämmerliche Vorwände. Der der Billigkeit, der ästhetisch sich selber richtet, erledigt sich praktisch durch den Hinweis auf die überreichen orchestralen Mittel, die gerade jenen Instanzen zur Verfügung stehen, die die Praxis der Arrangements am eifrigsten betreiben, und durch die Tatsache, daß überaus häufig, etwa bei instrumentierten Klavierliedern, die Arrangements wesentlich teurer zu stehen kommen als eine Aufführung in der Originalbesetzung. Der Glaube vollends, ältere Musik sei der koloristischen Auffrischung bedürftig, nimmt eine Zufälligkeit der Relation von Farbe und Zeichnung an, wie sie nur die krudeste Unkenntnis von der Wiener Klassik und dem so gern arrangierten Schubert behaupten könnte. Mag immer die eigent-

1 Verschlechtern

liche Entdeckung der koloristischen Dimension erst in die Ära von Berlioz und Wagner fallen: die koloristische Kargheit Haydns oder Beethovens steht im tiefsten Zusammenhang mit der Präponderanz des Konstruktionsprinzips über das melodisch Einzelne, das in leuchtenden Farben aus der dynamischen Einheit heraussprãnge. Gerade in solcher Kargkeit gewinnen die Fagott-Terzen am Anfang der dritten Leonorenouvertüre oder die Oboenkadenz in der Reprise des ersten Satzes der Fünften eine Gewalt, die in vielfarbigerem Klang unwiederbringlich verlorenginge. Man muß danach annehmen, daß die Praxis der Arrangements Motive sui generis hat. Vorab will sie den großen distanzierten Klang, der allemal Züge des Öffentlichen und Unprivaten besitzt, assimilierbar machen. Der müde Geschäftsmann kann arrangierten Klassikern auf die Schulter klopfen und die Kinder ihrer Muse abtätscheln. Es ist ein ähnlicher Drang wie jener, der die Radiolieblinge nötigt, als Onkel und Tanten sich in die Familienangelegenheiten ihrer Hörer einzuschalten und menschliche Nähe zu posieren. Die radikale Verdinglichung produziert ihren eigenen Schleier von Unmittelbarkeit und Intimität. Umgekehrt wird das Intime, eben als zu karg, von den Arrangements aufgebläht und angefärbt. Die Augenblicke des sinnlichen Reizes, die aus den zerfallenden Einheiten hervortreten, sind als solche, da sie einmal bloß als Momente des Ganzen determiniert waren, zu schwach, um eben den sinnlichen Anreiz auszuüben, der von ihnen verlangt wird, damit sie ihre Reklamepflicht erfüllen. Die Aufschmückung und Vergrößerung des Individuellen läßt die Züge des Protests, die in der Beschränkung des Individuellen auf sich selber gegenüber dem Betrieb angelegt waren, ebensogut verschwinden, wie in der Intimisierung des Großen der Blick auf die Totalität verlorengeht, an dem die schlechte individuelle Unmittelbarkeit in großer Musik ihre Grenze fand. Statt dessen bildet sich ein falsches Gleichgewicht heraus, das sich auf Schritt und Tritt durch den Widerspruch zum Material als falsch verrät. Schuberts Ständchen, im aufgeplusterten Klang der Kombination von Streichern und Klavier, mit der albernen Überdeutlichkeit der imitierenden Zwischentakte, ist so sinnwidrig, wie wenn es im Dreimäderlhaus entstanden wäre. Nicht ernster aber tönt das Preislied der Meistersinger, wenn es vom bloßen Streichorchester exekutiert wird. In der Einfarbigkeit verliert es objektiv die Artikulation, die es in Wagners Partitur plastisch machte. Eben damit aber wird es recht plastisch für den Hörer, der den Körper des Liedes nicht mehr aus differenten Farben zu komponieren braucht, sondern sich der einen und undurchbrochenen Oberstimmenmelodik getrost überlassen kann. Hier ist der Antagonismus zur Hörerschaft mit Händen zu greifen, in welchen heute die als klassisch figurierenden Werke geraten. Als dunkelstes Geheimnis der Arrangements aber mag man jenen Zwang vermuten, nichts so lassen zu können, wie es ist, alles anzutasten, was einem in die Quere kommt; ein Zwang, der um so größer wird, je weniger die Grundlagen des Bestehenden selber sich antasten lassen. Die totale gesellschaftliche Erfassung bestätigt sich ihre Macht und Herrlichkeit durch den Stempel, der allem aufgeprägt wird, was in die Maschinerie geriet. Diese Affirmation ist aber zugleich destruktiv. Am liebsten möchten die gegenwärtigen Hörer immerzu das zerstören, was sie in blindem Respekt hält, und ihre Pseudoaktivität findet sich bereits auf der Seite der Produktion vorgebildet und empfohlen.

Die Praxis des Arrangements stammt aus der Salonmusik. Es ist die Praxis der gehobenen Unterhaltung, die den Anspruch von Niveau den Kulturgütern entlehnt, aber diese in Unterhaltungsstoffe von Art der Schlager umfunktioniert. Solche Unterhaltung, die früher der Begleitung von Menschengesumm vorbehalten war, breitet sich heute über das ganze Musikleben aus, das im Grunde von keinem mehr ernst genommen wird und bei allem Kulturgerede selber immer mehr in den Hintergrund sich verzieht. Man hat die Wahl, entweder den Betrieb, wäre es auch schlicht vor dem Lautsprecher am Samstagnachmittag, beflissen mitzumachen oder hämisch und verstockt geradeswegs zu dem Schund sich zu bekennen, der für die angeblichen oder wirklichen Massenbedürfnisse hergestellt wird. Die Unverbindlichkeit und Scheinhaftigkeit der Objekte gehobener Unterhaltung diktiert die Zerstreutheit der Hörer. Man macht sich dabei noch ein gutes Gewissen, indem man den Hörern prima Ware offeriert und auf den Einwand, diese sei bereits im Zustand von Ladenhütern, den Gegeneinwand parat hält, gerade das wollten sie haben; ein Gegeneinwand, der sich am letzten durch eine Diagnose des Zustandes der Hörer entkräften ließe, sondern nur durch Einsicht in den Gesamtprozeß, der Produzenten und Konsumenten in teuflischer Harmonie aufeinander einstimmt. Aber der Fetischismus ergreift selbst die angeblich seriöse Musikübung, die gegen die gehobene Unterhaltung das Pathos der Distanz mobilisiert. Die Reinheit des Dienstes an der Sache, mit der sie die Werke darstellt, erweist sich oft als dieser so feindlich wie Depravation und Arrangement. Das offizielle Aufführungsideal, das im Gefolge Toscaninis außerordentlicher Leistung über die Erde zieht, verhilft einem Zustand zur Sanktionierung, der, mit dem Ausdruck Eduard Steuermanns, Barbarei der Vollendung heißen darf. Gewiß, hier werden nicht länger die Namen der berühmten Werke fetischisiert, obwohl die unberühmten, die in die Programme einrücken, beinahe die Beschränkung auf den kleinen Vorrat als wünschbar erscheinen lassen. Gewiß, hier werden nicht die Einfälle breitgetreten und nicht die Steigerungen zwecks Faszination ausgekostet. Es herrscht eiserne Disziplin. Aber eben eiserne. Der neue Fetisch ist der lückenlos funktionierende, metallglänzende Apparat als solcher, in dem alle Rädchen so exakt ineinanderpassen, daß für den Sinn des Ganzen nicht die kleinste Lücke mehr offenbleibt. Die im jüngsten Stil perfekte, makellose Aufführung konserviert das Werk um den Preis seiner definitiven Verdinglichung. Sie führt es als ein mit der ersten Note bereits fertiges vor: die Aufführung klingt wie ihre eigene Grammophonplatte. Die Dynamik ist so prädisponiert, daß es Spannungen überhaupt nicht mehr gibt. Die Widerstände der Klangmaterie sind im Augenblick des Erklingens so erbarmungslos beseitigt, daß es zur Synthesis, zum Sich-selbst-Produzieren des Werkes, wie es die Bedeutung jeder Beethovenschen Symphonie ausmacht, nicht mehr kommt. Wozu noch die symphonische Kraftanstrengung, wenn der Stoff bereits zermahlen ist, an dem die Kraft sich bewähren könnte? Die bewahrende Fixierung des Werkes bewirkt dessen Zerstörung: denn seine Einheit realisiert sich bloß in eben der Spontaneität, die der Fixierung zum Opfer fällt. Der letzte Fetischismus, der die Sache selbst ergreift, erstickt sie: die absolute Angemessenheit der Erscheinung an das Werk dementiert dieses und macht es gleichgültig hinter dem Apparat verschwinden, so wie gewisse Sumpfentwässerungen durch Arbeitskolonnen bloß noch um der Arbeit und nicht ihres Nutzens willen geschehen. Nicht umsonst gemahnt die Herrschaft der arrivierten Dirigenten an die des totalitären Führers. Gleich diesem bringt er Nimbus und Organisation auf den gemeinsamen Nenner. Er ist der eigentlich moderne Typ des Virtuosen: als band leader so gut wie in der Philharmonie. Er hat es so weit gebracht, daß er schon nichts mehr selber zu tun braucht; selbst vom Partiturlesen entlastet ihn zuweilen der Stab der Korrepetitoren. Er leistet Normung und Individualisierung auf einen Schlag: die Normung wird seiner Persönlichkeit zugute gehalten, und die individuellen Kunststücke, die er verübt, geben allgemeine Maximen ab. Der Fetischcharakter des Dirigenten ist der evidenteste und verborgenste: die Standardwerke könnten von den virtuosen gegenwärtigen Orchestern wahrscheinlich ebenso perfekt schon ohne den Dirigenten gespielt werden, und das Publikum, das dem Kapellmeister zujubelt, wäre unfähig zu bemerken, daß im verdeckten Orchesterraum der Korrepetitor für den erkälteten Heros einspringt.

Das Bewußtsein der Hörermassen ist der fetischisierten Musik adäquat. Es wird vorschriftsmäßig gehört, und freilich, die Depravation selber wäre nicht möglich, wenn Widerstand erfolgte; wenn die Hörer überhaupt noch vermöchten, in ihren Anforderungen irgend über den Umkreis des Angebotenen hinauszugehen. Wer es aber versuchte, den Fetischcharakter der Musik durch Erforschung von Hörerreaktionen, durch Interviews und Fragebogen zu „verifizieren", der könnte unversehens vexiert werden. In der Musik wie sonstwo ist die Spannung von Wesen und Erscheinung derart angewachsen, daß überhaupt keine Erscheinung unvermittelt mehr zum Beleg des Wesens taugt[4]. Die unbewußten Reaktionen der Hörer sind so dicht abgeblendet, ihre bewußte Rechenschaft orientiert sich so ausschließlich an den herrschenden Fetischkategorien, daß jede Antwort, die man erhält, vorweg mit der Oberfläche jenes Musikbetriebs konformiert, welche von der Theorie angegriffen wird, der die „Verifizierung" gilt. Schon wenn man einem

---

[4] Vgl. Max Horkheimer, Der neueste Angriff auf die Metaphysik, in: Zeitschrift für Sozialforschung, Jahrgang VI (1937), S. 28 ff.

1 irreführen

Hörer jene primitive Frage nach Gefallen oder Mißfallen vorlegt, kommt der gesamte Mechanismus wirksam ins Spiel, von dem man meint, er könne durch die Reduktion auf diese Frage transparent gemacht und eliminiert werden. Trachtet man aber gar, elementare Versuchsbedingungen durch solche zu ersetzen, die der realen Abhängigkeit des Hörers vom Mechanismus Rechnung tragen, so bedeutet jede Komplikation des Versuchsmodus nicht bloß eine Erschwerung der Interpretierbarkeit der Resultate, sondern potenziert die Widerstände der Versuchspersonen und treibt sie nur um so tiefer in die konformistische Verhaltensweise hinein, in der sie sich vor der Gefahr von Enthüllungen geborgen meinen. Es läßt sich kein Kausalnexus etwa zwischen isolierten „Einwirkungen" der Schlager und deren psychologischen Effekten auf die Hörer säuberlich herauspräparieren. Wenn wirklich heute die Individuen nicht länger sich selbst mehr gehören, dann bedeutet das auch, daß sie nicht länger mehr „beeinflußt" werden. Die Gegenpunkte von Produktion und Konsumtion sind jeweils streng einander zugeordnet, nur eben nicht isoliert voneinander abhängig. Ihre Vermittlung selber entzieht sich keinesfalls der theoretischen Mutmaßung. Es genügt die Erinnerung daran, wieviel Leiden dem erspart wird, der keinen Gedanken zuviel mehr denkt, wieviel „realitätsgerechter" tatsächlich der sich verhält, der die Realität als die rechte bejaht, wie sehr nur dem noch die Verfügungsgewalt über den Mechanismus zufällt, der sich ihm einspruchslos fügt, damit die Korrespondenz des Hörerbewußtseins und der fetischisierten Musik auch dann noch verständlich bleibt, wenn jenes nicht eindeutig auf diese sich reduzieren läßt.

Am Gegenpunkt zum Fetischismus der Musik vollzieht sich eine Regression des Hörens. Damit ist nicht ein Zurückfallen des einzelnen Hörers auf eine frühere Phase der eigenen Entwicklung gemeint, auch nicht ein Rückgang des kollektiven Gesamtniveaus, da die erst von der heutigen Massenkommunikation musikalisch erreichten Millionen mit der Hörerschaft der Vergangenheit sich nicht vergleichen lassen. Vielmehr ist das zeitgemäße Hören das Regredierter, auf infantiler Stufe Festgehaltener. Die hörenden Subjekte büßen mit der Freiheit der Wahl und der Verantwortung nicht bloß die Fähigkeit zur bewußten Erkenntnis von Musik ein, die von je auf schmale Gruppen beschränkt war, sondern trotzig negieren sie die Möglichkeit solcher Erkenntnis überhaupt. Sie fluktuieren zwischen breitem Vergessen und jähem, sogleich wieder untertauchendem Wiedererkennen; sie hören atomistisch und dissoziieren das Gehörte, entwickeln aber eben an der Dissoziation gewisse Fähigkeiten, die in traditionell-ästhetischen Begriffen weniger zu fassen sind als in solchen von Fußballspielen und Chauffieren. Sie sind nicht kindlich, wie etwa eine Auffassung es erwarten möchte, die den neuen Hörtyp in Zusammenhang bringt mit der Einbeziehung ehedem musikfremder Schichten in das Musikleben. Sondern sie sind kindisch: ihre Primitivität ist nicht die des Unentwickelten, sondern des zwangshaft Zurückgestauten. Sie offenbaren, wann immer es ihnen erlaubt wird, den verkniffenen Haß dessen, der eigentlich das andere ahnt, aber es fortschiebt, um ungeschoren leben zu können, und der darum am liebsten die mahnende Möglichkeit ausrotten möchte. Es ist diese präsente Möglichkeit oder, konkreter gesprochen, die Möglichkeit einer anderen und oppositionellen Musik, vor der eigentlich regrediert wird. Regressiv ist aber auch die Rolle, welche die gegenwärtige Massenmusik im psychologischen Haushalt ihrer Opfer spielt. Sie werden nicht nur von Wichtigerem abgezogen, sondern in ihrer neurotischen Dummheit konfirmiert, ganz gleichgültig, wie ihre musikalischen Fähigkeiten zur spezifisch musikalischen Kultur früherer gesellschaftlicher Phasen sich verhalten. Das Einstimmen auf die Schlager und die depravierten Kulturgüter fällt in den gleichen Symptomzusammenhang wie jene Gesichter, von denen man schon nicht mehr weiß, ob sie der Film der Realität oder die Realität dem Film entwendet hat; die einen unförmig großen Mund mit blitzenden Zähnen zum gefräßigen Lachen aufreißen, während trist und zerfahren die angestrengten Augen darüberstehen. Mit Sport und Film tragen die Massenmusik und das neue Hören dazu bei, das Ausweichen aus der infantilen Gesamtverfassung unmöglich zu machen. Die Krankheit hat konservierende Bedeutung. Auch die Hörweisen der gegenwärtigen Massen sind gewiß keineswegs neu, und man mag willig konzedieren, daß die Rezeption des Vorkriegsschlagers „Puppchen“ von der eines synthetischen Jazzkinderlieds nicht so gar verschieden gewesen sei. Aber die Konfiguration, in der ein solches Kinderlied erscheint: die masochistische Verhöhnung des eigenen Wunsches nach dem verlorenen Glück, oder die Kompromittierung des Glücksverlangens selber durch Retrovertierung in eine Kindheit, deren Unerreichbarkeit für die Unerreichbarkeit der Freude zeugt — das ist die spezifische Leistung des neuen Hörens, und nichts, was ans Ohr schlägt, bleibt von diesem Schema der Aneignung verschont. Wohl gibt es dabei soziale Differenzen, aber das neue Hören reicht so weit, wie die Verdummung der Unterdrückten die Unterdrücker selber affiziert und wie vor der Übermacht des sich selbst entrollenden Rades die zu Opfern werden, die seine Bahn zu bestimmen meinen.

Mit der Produktion hängt das regressive Hören durch den Verbreitungsmechanismus sinnfällig zusammen: eben durch Reklame. Regressives Hören tritt ein, sobald die Reklame in Terror umschlägt: sobald dem Bewußtsein vor der Übermacht des annoncierten Stoffes nichts mehr übrigbleibt als zu kapitulieren und seinen Seelenfrieden sich zu erkaufen, indem man die oktroyierte Ware buchstäblich zur eigenen Sache macht. Im regressiven Hören nimmt die Reklame Zwangscharakter an. Ein englischer Brauereikonzern bediente für einige Zeit zu Propagandazwecken sich eines Plakats, das täuschend einer jener weißgefugten Backsteinmauern glich, die in den Armenquartieren Londons und den Industriestädten des Nordens so häufig sind. Geschickt plaziert war das Plakat von einer wirklichen Mauer kaum zu unterscheiden. Auf ihm fand sich, kreideweiß, die sorgfältige Imitation einer ungelenken Schrift. Die Worte lauteten: What we want is Watney's. Die Marke des Biers ward als politische Parole demonstriert. Nicht bloß gewährt dies Plakat Einsicht in die Beschaffenheit der jüngsten Propaganda, welche ihre Parolen ebenso als Waren an den Mann bringt, wie hier die Ware als Parole sich maskiert. Die Verhaltensweise, die das Plakat suggerierte: daß Massen eine ihnen empfohlene Ware zum Gegenstand ihrer eigenen Aktion machen, findet sich in der Tat als Schema der Rezeption leichter Musik wieder. Sie brauchen und verlangen das, was ihnen aufgeschwatzt wird. Das Gefühl der Ohnmacht, das sie im Angesicht der monopolistischen Produktion beschleicht, bewältigen sie, indem sie sich mit dem unausweichlichen Produkt identifizieren. Dadurch heben sie die Fremdheit der ihnen zugleich fernen und drohend nahen musikalischen Marken auf und erzielen obendrein den Lustgewinn, an den Unternehmungen des Herrn Kannitverstan sich beteiligt zu fühlen, die ihnen allenthalben in die Quere kommen. Das erklärt, warum unablässig Äußerungen individueller Vorliebe — oder natürlich auch Abneigung — begegnen auf einem Felde, wo Objekt und Subjekt solche Reaktionen gleich zweifelhaft machen. Der Fetischcharakter der Musik produziert durch Identifikation der Hörer mit den Fetischen seine eigene Verdeckung. Diese Identifikation erst verleiht den Schlagern die Gewalt über ihre Opfer. Sie vollzieht sich in der Folge von Vergessen und Erinnern. Wie jede Reklame aus unauffällig Bekanntem und unbekannt Auffälligem sich zusammensetzt, so bleibt der Schlager im Halbdämmer seines Bekanntseins wohltätig vergessen, um momentan, wie im Lichtkegel eines Scheinwerfers, durch Erinnerung schmerzhaft überdeutlich zu werden. Fast ist man in Versuchung, den Augenblick dieser Erinnerung mit dem gleichzusetzen, wo dem Opfer der Titel oder die Worte des Coupletanfangs seines Schlagers einfallen: vielleicht identifiziert er sich mit diesem, indem er ihn identifiziert und damit seinem Besitz einverleibt. Dieser Zwang wohl mag ihn dazu treiben, sich auf den Schlagertitel jeweils zu besinnen. Die Schrift unter dem Tonbild jedoch, welche die Identifikation erlaubt, ist nichts anderes als die Warenmarke des Schlagers.

Die perzeptive Verhaltensweise, durch die das Vergessen und das jähe Wiedererkennen der Massenmusik vorbereitet wird, ist die Dekonzentration. Wenn die genormten, mit Ausnahme schlagzeilenhaft auffälliger Partikeln einander hoffnungslos ähnlichen Produkte konzentriertes Hören nicht gestatten, ohne den Hörern unerträglich zu werden, dann sind diese ihrerseits zu konzentriertem Hören überhaupt nicht mehr fähig. Sie können die Anspannung geschärfter Aufmerksamkeit nicht leisten und überlassen gleichsam resigniert sich dem, was über sie ergeht und womit sie sich anfreunden nur, wenn sie nicht gar zu genau hinhören. Benjamins Hinweis auf die Apperzeption des Films im Zustand der Zerstreuung gilt ebensowohl für die leichte Musik. Der übliche kommerzielle Jazz etwa kann seine

Funktion bloß ausüben, weil er nicht im Modus der Attentionalität aufgefaßt wird, sondern während des Gesprächs und vor allem als Begleitung zum Tanz. Man wird denn auch immer wieder dem Urteil begegnen, zum Tanzen sei er höchst angenehm, zum Hören abscheulich. Wenn aber der Film als Ganzes der dekonzentrierten Auffassungsweise entgegenzukommen scheint, dann macht das dekonzentrierte Hören die Auffassung eines Ganzen unmöglich. Realisiert wird nur, worauf gerade der Scheinwerferkegel fällt; auffällige melodische Intervalle, umkippende Modulationen, absichtliche oder unabsichtliche Fehler, oder was etwa durch besonders intime Verschmelzung von Melodie und Text sich als Formel kondensiert. Auch darin stimmen Hörer und Produkte zusammen: die Struktur, der sie nicht folgen können, wird ihnen gar nicht erst angeboten. Bedeutet bei der oberen Musik das atomistische Hören fortschreitende Dekomposition, so gibt es bei der unteren schon nichts mehr zum Dekomponieren; die Formen der Schlager sind bis auf die Taktzahl und die exakte Zeitdauer so strikt genormt, daß beim einzelnen Stück eine spezifische Form überhaupt nicht in Erscheinung tritt. Die Emanzipation der Teile von ihrem Zusammenhang und allen Momenten, die über ihre unmittelbare Gegenwart hinausgehen, inauguriert die Verschiebung des musikalischen Interesses auf den partikularen, sensuellen Reiz. Bezeichnend die Anteilnahme, welche die Hörer nicht bloß besonderen instrumentalen Akrobatenkunststücken, sondern den einzelnen Instrumentalfarben als solchen entgegenbringen; eine Anteilnahme, welche von der Praxis der amerikanischen popular music wieder dadurch gefördert wird, daß jede Variation — „chorus" — mit Vorliebe eine besondere Instrumentalfarbe, die Klarinette, das Klavier, die Posaune quasi-konzertant ausstellt. Das geht oft so weit, daß die Hörer sich mehr um Behandlung und „Stil" als um das ohnehin indifferente Material zu kümmern scheinen: nur daß jene Behandlung eben allein in partikularen Reizeffekten sich bewährt. Bei der Neigung für die Farbe als solche ist selbstverständlich die Verehrung des Werkzeugs und der Drang zum Nach- und Mitmachen im Spiel; möglicherweise aber auch etwas von dem mächtigen Entzücken der Kinder am Bunten, das unter dem Druck der gegenwärtigen Musikerfahrung wiederkehrt.

Die Verschiebung des Interesses auf den Farbreiz und den einzelnen Trick, weg vom Ganzen, ja vielleicht von der „Melodie", könnte als erneuter Durchbruch durch die disziplinierende Funktion optimistisch gedeutet werden. Gerade diese Deutung jedoch wäre irrig. Einmal verbleiben die apperzipierten Reize widerstandslos im starren Schema, und wer sich ihnen verschreibt, wird am letzten gegen jenes rebellieren. Dann aber sind sie selber von der beschränktesten Art. Sie alle halten sich im Umkreis einer impressionistisch aufgeweichten Tonalität. Es kann keine Rede davon sein, daß etwa das Interesse an der isolierten Farbe oder am isolierten Klang den Sinn für neue Farben und neue Klänge erwecke. Vielmehr sind die atomistisch Hörenden die ersten, solche Klänge als „intellektuell" oder schlechtweg mißtönend zu denunzieren. Die Reize, die sie genießen, müssen von approbierter Art sein. Wohl kommen in der Jazzpraxis Dissonanzen vor, und selbst Techniken des absichtsvollen Falschspielens haben sich herausgebildet. Aber allen diesen Gepflogenheiten ist eine Unbedenklichkeitsbescheinigung mitgegeben: jeder extravagante Klang muß so beschaffen sein, daß der Hörer ihn als Substitut für einen „normalen" erkennen kann; und während er sich an der Mißhandlung freut, welche die Dissonanz der Konsonanz angedeihen läßt, für die sie eintritt, garantiert die virtuelle Konsonanz zugleich, daß man im Kreise verbleibt. Bei Tests über die Rezeption von Schlagern hat man Versuchspersonen gefunden, die fragen, wie sie sich zu verhalten hätten, wenn eine Stelle ihnen zugleich gefalle und mißfalle. Man mag wohl vermuten, daß sie eine Erfahrung anmelden, die auch jene machen, die von ihr keine Rechenschaft ablegen. Die Reaktionen auf die isolierten Reize sind ambivalent. Ein sinnlich Wohlgefälliges schlägt in Ekel um, sobald ihm anzumerken ist, wie sehr es bloß noch dem Betrug des Konsumenten dient. Der Betrug besteht hier im Angebot des immer Gleichen. Noch der stumpfeste Schlagerenthusiast wird nicht immer des Gefühls sich erwehren können, das dem genäschigen Kind aus der Konditorei vertraut ist. Stumpfen sich die Reize ab und tendieren sie zu ihrem Gegenteil — die kurze Lebensdauer der meisten Schlager gehört in den gleichen Erfahrungskreis —, dann bewirkt vollends die Kulturideologie, welche den oberen Musikbetrieb umkleidet, daß die untere mit schlechtem Gewissen gehört wird. Keiner glaubt so ganz an das kommandierte Vergnügen. Regressiv aber bleibt das Hören dennoch insofern, als es diesen Zustand trotz allen Mißtrauens und aller Ambivalenz bejaht. Die Verschiebung der Affekte auf den Tauschwert bewirkt, daß in Musik eigentlich gar kein Anspruch mehr erhoben wird. Die Substitute erfüllen darum so gut ihren Zweck, weil das Verlangen, dem sie sich anmessen, selber bereits substituiert ist. Ohren aber, die bloß noch fähig sind, von Gebotenem das zu hören, was man von ihnen verlangt, und die den abstrakten Reiz registrieren, anstatt die Reizmomente zur Synthesis zu bringen, sind schlechte Ohren: selbst am „isolierten" Phänomen werden ihnen entscheidende Züge entgehen, nämlich eben die, durch welche es seine eigene Isoliertheit transzendiert. Es gibt tatsächlich einen neurotischen Mechanismus der Dummheit auch im Hören: die hochmütig ignorante Ablehnung alles Ungewohnten ist sein sicheres Kennzeichen. Die regredierten Hörer benehmen sich wie Kinder. Sie verlangen immer wieder und mit hartnäckiger Tücke nach der einen Speise, die man ihnen einmal vorgesetzt hat.

Für sie wird eine Art musikalischer Kindersprache präpariert, die sich von der echten dadurch unterscheidet, daß ihr Vokabular ausschließlich aus Trümmern und Entstellungen der musikalischen Kunstsprache besteht. In den Klavierauszügen der Schlager finden sich sonderbare Diagramme. Sie beziehen sich auf Gitarre, Ukelele und Banjo — ebenso wie die Ziehharmonika der Tangos, verglichen mit dem Klavier, infantile Instrumente — und sind Spielern zugedacht, die nicht die Noten lesen können. Sie stellen graphisch die Griffe auf den Saiten der Zupfinstrumente dar. Der rational aufzufassende Notentext wird durch optische Kommandos ersetzt, gewissermaßen durch musikalische Verkehrssignale. Diese Zeichen beschränken sich natürlich auf die drei tonischen Hauptakkorde und schließen jeden sinnvollen harmonischen Fortgang aus. Ihrer würdig ist der geregelte musikalische Verkehr. Mit dem auf den Straßen kann er nicht verglichen werden. Es wimmelt von Fehlern in Satz und Harmonie. Dabei handelt es sich um Querstände, falsche Terzverdoppelungen, Quinten- und Oktavfortschreitungen und unlogische Stimmführungen aller Art, zumal im Baß. Man möchte sie zunächst den Amateuren zur Last schreiben, von denen meist die Schlageroriginale stammen, während die eigentliche musikalische Arbeit erst von den Arrangeuren geleistet wird. Sowenig jedoch die Verleger einen unorthographischen Brief in die Welt gehen ließen, sowenig ist vorstellbar, daß sie, von ihren Sachverständigen wohlberaten, Amateurversionen unkontrolliert publizieren. Die Fehler sind entweder von den Sachverständigen bewußt produziert oder bleiben absichtlich stehen — mit Rücksicht auf die Hörer. Man könnte den Verlegern und Sachverständigen den Wunsch unterlegen, sich bei den Hörern anzubiedern, indem man so hemdsärmelig und nonchalant setzt, wie etwa ein Dilettant einen Schlager nach dem Gehör paukt. Solche Intrigen wären vom gleichen Schlag, wenn auch psychologisch anders berechnet, wie die unkorrekte Orthographie in zahlreichen Reklame-Inschriften. Aber auch wenn man ihre Annahme als zu weit hergeholt ausschließen wollte, ließen die stereotypen Fehler sich verständlich machen. Auf der einen Seite verlangt das infantile Hören sinnlich reichen, vollen Klang, wie ihn zumal die üppigen Terzen repräsentieren, und es ist gerade diese Forderung, in welcher die infantile Musiksprache dem Kinderlied aufs brutalste widerspricht. Andererseits verlangt das infantile Hören überall die bequemsten und geläufigsten Lösungen. Die Konsequenzen, die sich aus dem „reichen“ Klang bei korrekter Stimmführung ergäben, wären von den standardisierten harmonischen Verhältnissen so weit entfernt, daß die Hörer sie als „unnatürlich“ ablehnen müßten. Die Fehler wären danach die Gewaltstreiche, welche die Antagonismen des infantilen Hörerbewußtseins beseitigten. Nicht weniger charakteristisch für die regressive Musiksprache ist das Zitat. Sein Verwendungsbereich führt von der bewußten Zitierung von Volks- und Kinderliedern über zweideutige, halb zufällige Anspielungen bis zu ganz latenten Ähnlichkeiten und Anlehnungen. Die Tendenz triumphiert dort, wo ganze Stücke aus dem klassischen Vorrat oder aus dem Opernrepertoire adaptiert werden. Die Praxis des Zitierens spiegelt die Ambivalenz des infantilen Hörerbewußtseins. Die Zitate sind autoritär zugleich und parodistisch. So macht ein Kind den Lehrer nach.

Die Ambivalenz der regredierten Hörer drückt sich extrem darin aus, daß immer wieder die Individuen, noch nicht vollkommen verdinglicht, dem Mechanismus der musikalischen Verdinglichung sich entziehen wollen, dem sie ausgeliefert sind, daß aber jegliche ihrer Revolten gegen den Fetischismus sie nur um so tiefer in diesen verstrickt. Wann immer sie dem passiven Zustand des Zwangskonsumenten sich zu entwinden trachten und sich „aktivieren", verfallen sie der Pseudoaktivität. Aus der Menge der Regredierten heben sich die Typen derer heraus, die durch Pseudoaktivität sich unterscheiden und doch die Regression eindringlicher bloß vor Augen stellen. Am ersten Platz rangieren da die Enthusiasten, die Begeisterungsbriefe an Radiostationen und Kapellen schreiben und auf wohlgelenkten Jazztagungen ihre eigene Begeisterung vorführen als Reklame für die Ware, die sie konsumieren. Sie nennen sich selber jitterbugs, als wollten sie den Verlust ihrer Individualität, die Verwandlung in fasziniert schwirrende Käfer, zugleich bejahen und verhöhnen. Zur Entschuldigung haben sie bloß, daß das Wort jitterbugs, wie die ganze Terminologie derer vom imaginären Bau in Film und Jazz, ihnen von den Unternehmern eingehämmert wird, um sie glauben zu machen, daß sie hinter den Kulissen sich befänden. Ihre Ekstase ist ohne Inhalt. Daß sie zustande kommt, daß der Musik gehorcht wird, das ersetzt den Inhalt selber. Ihren Gegenstand besitzt die Ekstase an ihrem eigenen Zwangscharakter. Sie ist stilisiert nach den Verzückungen zum Schlag der Kriegstrommel, wie sie die Wilden exerzieren. Sie hat konvulsivische Züge, die an Veitstanz oder an die Reflexe verstümmelter Tiere gemahnen. Leidenschaft selber scheint von Defekten hervorgebracht. Aber das ekstatische Ritual verrät sich als Pseudoaktivität durch das Moment des Mimischen. Es wird nicht „aus Sinnlichkeit" getanzt oder zugehört, gewiß nicht durchs Zuhören Sinnlichkeit befriedigt, sondern es werden Gesten Sinnlicher imitiert. Ein Analogon liegt vor zu der Darstellung partikularer Regungen im Film, wo es physiognomische Schemata der Angst, des Verlangens, des erotischen Glanzes gibt; zum keep smiling; zum atomistischen espressivo der depravierten Musik. Es verschränkt sich die imitierende Aneignung von Warenmodellen mit folkloristischen Gepflogenheiten des Nachmachens. Im Jazz ist die Beziehung jener Mimik auf die imitierenden Individuen selber ganz gelockert. Ihr Medium ist die Karikatur. Tanz und Musik bilden Stadien der sexuellen Erregung nach, bloß um sie zu verspotten. Es ist, als wendete sich das Surrogat der Lust selber sogleich mißgünstig gegen diese: das „realitätsgerechte" Verhalten des Unterdrückten triumphiert über seinen Traum von Glück, indem es diesem selber einbeschrieben wird. Und wie um Scheinhaftigkeit und Verrat jener Art Ekstase zu bestätigen, sind die Füße unfähig, das zu vollziehen, was das Ohr prätendiert. Die gleichen jitterbugs, die sich benehmen, als wären sie von den Synkopen elektrisiert, tanzen fast ausschließlich die guten Taktteile. Das schwache Fleisch straft den willigen Geist Lügen; die gestische Ekstase des infantilen Hörers versagt vor der ekstatischen Geste. — Sein Gegensatz scheint der Eifrige, der sich aus dem Betrieb zurückzieht und im stillen Kämmerlein mit Musik sich „beschäftigt". Er ist scheu und gehemmt, hat vielleicht kein Glück mit den Mädchen, will sich jedenfalls seine Sondersphäre erhalten. Das versucht er als Bastler. Zwanzigjährig bewahrt er das Stadium der Knaben, die sich als Matadore ihrer Baukästen hervortun oder den Eltern zu Gefallen Laubsägearbeiten ausführen. Der Bastler ist im Radiowesen zu hohen Ehren gelangt. Er konstruiert geduldig Apparate, deren wichtigste Bestandteile er fertig erwerben muß, und erforscht die Luft nach Kurzwellengeheimnissen, die keine sind. Als Leser von Indianergeschichten und Reisebüchern hat er einmal unbekannte Länder entdeckt und seinen Pfad durch den Urwald sich gebahnt. Als Bastler wird er zum Entdecker eben der industriellen Erzeugnisse, die daran interessiert sind, von ihm entdeckt zu werden. Nichts bringt er nach Hause, was ihm nicht ins Haus geliefert würde. Schon haben die Abenteurer der Pseudoaktivität in hellen Haufen sich organisiert: die Radioamateure lassen sich von den von ihnen entdeckten Kurzwellenstationen vorgedruckte Verifikationskarten schicken und veranstalten Wettstreite, bei denen siegt, wer die meisten solcher Karten vorzuweisen hat. All das wird von oben her sorgsam gepflegt. Von den fetischistischen Hörern ist der Bastler vielleicht der vollkommenste. Was er hört, selbst wie er hört, ist ihm ganz gleichgültig; ihn interessiert nur noch, daß er hört und daß es ihm gelingt, mit seinem privaten Gerät in den öffentlichen Mechanismus sich einzuschalten, ohne daß er auf diesen auch nur den geringsten Einfluß ausübte. Gleichen Sinnes hantieren ungezählte Radiohörer den Rückkoppler und den Tonregulator, ohne selber zu basteln. — Andere sind sachverständiger, jedenfalls aggressiver. Das sind die patenten Kerle, die überall sich zurechtfinden und alles auch selber könnten: der höhere Schüler, der in jeder Gesellschaft sich bereitfindet, zum Tanz und zur Unterhaltung, Jazz mit maschineller Präzision herunterzuspielen: der Junge von der Tankstelle, der unbefangen seine Synkopen summt, wenn er das Benzin auffüllt; der Hörexperte, der jede band zu identifizieren vermag und sich in die Geschichte des Jazz versenkt, als handle es sich um die Heilsgeschichte. Er steht dem Sportsmann am nächsten: wenn nicht dem Fußballspieler selbst, dann dem schwadronierenden Gesellen, der die Tribünen beherrscht. Er glänzt durch Fähigkeit zur rüden Improvisation, selbst wenn er insgeheim stundenlang Klavier üben muß, um die wiederspenstigen Rhythmen zusammenzubringen. Er gibt sich als der Unabhängige, der auf die Welt pfeift. Aber was er pfeift, ist ihre Melodie, und seine Kniffe sind weniger Erfindungen des Augenblicks als aufgespeicherte Erfahrung aus dem Umgang mit den umworbenen technischen Dingen. Seine Improvisationen sind allemal Gesten der behenden Unterordnung unter das, was der Apparat von ihm verlangt. Der Chauffeur ist das Vorbild für den Hörtyp des patenten Kerls. Sein Einverständnis mit allem Herrschenden geht so weit, daß er gar nicht erst mehr Widerstände produziert, sondern von sich aus bereits je und je das leistet, was von ihm verlangt wird um des zuverlässigen Funktionierens willen. Er lügt sich die Vollkommenheit seiner Unterordnung unter den verdinglichten Mechanismus in dessen Beherrschung um. So ist die souveräne Routine des Jazzamateurs nichts anderes als die passive Fähigkeit, in der Adaptation der Modelle von nichts sich irremachen zu lassen. Er ist das wahre Jazzsubjekt: seine Improvisationen kommen aus dem Schema, und das Schema steuert er, die Zigarette im Mund, so nachlässig, als hätte er es gerade selber erfunden.

Mit dem Mann, der seine Zeit totschlagen muß, weil er seine Angriffslust an nichts anderem auslassen darf, und mit dem Gelegenheitsarbeiter haben die regressiven Hörer Entscheidendes gemeinsam. Man muß viel freie Zeit und wenig Freiheit haben, um sich zum Jazzexperten auszubilden oder den ganzen Tag am Radio zu hängen; und die Geschicklichkeit, die mit den Synkopen so gut sich abfindet wie mit den Grundrhythmen, ist die des Autoschlossers, der auch den Lautsprecher und das elektrische Licht reparieren kann. Die neuen Hörer ähneln den Mechanikern, spezialisiert zugleich und fähig, die Spezialkenntnisse an unverhoffter Stelle außerhalb der gelernten Arbeit einzusetzen. Aber die Entspezialisierung hilft ihnen bloß scheinbar aus dem System heraus. Je wendiger sie den Forderungen ihres Tages nachkommen, um so starrer werden sie jenem System unterworfen. Die Researchbeobachtung, daß unter den Radiohörern die Freunde leichter Musik sich entpolitisiert zeigen, ist nicht zufällig. Die Möglichkeit des individuellen Unterschlupfens und der wie immer fragwürdigen Sekurität verbaut den Blick auf die Änderung des Zustands, in den man unterschlupfen will. Oberflächliche Erfahrung widerspricht dem. Die „junge Generation" — der Begriff selber ist ein bloßes ideologisches Deckbild — scheint eben durch die neue Hörweise im Widerspruch zu ihren Eltern und deren Plüschkultur. In Amerika findet man gerade sogenannte Liberale und Progressive unter den Anwälten der leichten populären Musik, die sie um der Breite ihrer Wirkung willen als demokratisch klassifizieren. Ist aber das regressive Hören gegenüber dem „individualistischen" fortgeschritten, dann jedenfalls bloß in dem dialektischen Sinn, daß es der fortschreitenden Brutalität besser sich anmißt als dieses. Aller mögliche Muff wird von der Schnödheit weggefegt, und legitim ist die Kritik an den ästhetischen Rückständen eines Individuellen, das längst den Individuen entwunden ward. Aber aus der Sphäre der populären Musik kann diese Kritik um so weniger zwingend geübt werden, als gerade diese Sphäre die depravierten und verwesenden Rückstände des romantischen Individualismus mumifiziert. Ihre Innovationen sind unabtrennbar den Rückständen verschwistert.

Der Hörmasochismus definiert sich nicht bloß in der Selbstpreisgabe und der Ersatzlust durch Identifikation mit der Macht. Zugrunde liegt ihm die Erfahrung, daß die Sicherheit des Unterschlupfs unter den herrschenden Bedingungen ein Provisorium, daß sie bloße Erleichterung sei, und daß endlich doch alles zu Bruch gehen müsse. Noch in der Selbstpreisgabe ist man sich selber nicht gut: genießend fühlt man sich als Verräter des

Möglichen und zugleich verraten vom Bestehenden. Das regressive Hören ist allemal bereit, in Wut auszuarten. Weiß man, daß man selber im Grunde auf der Stelle tritt, so richtet sich die Wut vorab gegen alles, was die Modernität des Mitdabei- und Uptodateseins desavouieren und offenbaren könnte, wie wenig in der Tat sich verändert hat. Man kennt aus Photographie und Film den Effekt des veraltet Modernen, der, ursprünglich vom Surrealismus als Schock verwandt, seitdem zum billigen Amüsement derer herabgesunken ist, deren Fetischismus an die abstrakte Gegenwärtigkeit sich heftet. Dieser Effekt kehrt für die regredierenden Hörer in wilder Verkürzung wieder: sie möchten verlachen und zerstören, woran sie sich noch gestern berauschten, als wollten sie sich noch nachträglich dafür rächen, daß der Rausch keiner war. Man hat diesem Effekt seinen eigenen Namen gegeben und ihn wiederum in Radio und Zeitung propagiert. Corny heißt aber keineswegs, wie man denken könnte, die rhythmisch simplere leichte Musik der Vorjazzperiode und deren Relikte, sondern alle synkopierte, die sich nicht gerade aus den im Augenblick approbierten rhythmischen Formeln zusammensetzt. Ein Jazzexperte kann etwa sich vor Lachen schütteln, wenn er ein Stück hört, das auf gutem Taktteil ein Sechzehntel mit nachfolgendem punktiertem Achtel bringt, obwohl dieser Rhythmus zwar aggressiver, keineswegs aber dem eigenen Charakter nach etwa provinzieller ist als die später praktizierten synkopischen Bindungen und der Verzicht auf alle Gegenbetonungen. Die regressiven Hörer sind tatsächlich destruktiv. Die hausbackene Beschimpfung hat ihr ironisches Recht: ironisch, weil die Destruktionstendenzen der regredierenden Hörer in Wahrheit gegen das gleiche sich richten, was die altmodischen hassen; gegen die Unbotmäßigkeit als solche, es sei denn, daß sie sich durch die tolerierte Spontaneität kollektiver Ausschreitungen deckt. Der Scheingegensatz der Generationen wird nirgends durchsichtiger als in der Wut. Die Mucker, die sich in pathetisch-sadistischen Briefen an die Sendegesellschaften über das Verjazzen heiliger Güter beklagen, und die Jugend, die an solchen Exhibitionen ihre Freude hat, sind eines Sinnes. Es bedarf nur der geeigneten Situation, um sie zur Einheitsfront zusammenzuschweißen.

Damit ist Kritik gesetzt an den „neuen Möglichkeiten" im regressiven Hören. Man könnte versucht sein, es zu retten, so, als ob es eines wäre, in welchem der „auratische" Charakter des Kunstwerks, die Elemente seines Scheins, zugunsten des spielerischen zurücktreten. Wie immer es damit beim Film sich verhalte, die heutige Massenmusik zeigt wenig von solchem Fortschritt in der Entzauberung. Nichts überlebt in ihr standhafter als der Schein; nichts ist scheinhafter als ihre Sachlichkeit. Das infantile Spiel hat mit dem produktiven der Kinder kaum mehr als den Namen gemein. Nicht umsonst möchte der bürgerliche Sport vom Spiel so strikt sich geschieden wissen. Sein tierischer Ernst besteht darin, daß man, anstatt in der Distanzierung von den Zwecken dem Traum der Freiheit die Treue zu halten, die Spielhandlung als Pflicht unter die nützlichen Zwecke aufnimmt und damit die Spur von Freiheit an ihr vertilgt. Das gilt verstärkt für die heutige Massenmusik. Spiel ist sie bloß noch als Wiederholung vorgegebener Modelle, und die spielerische Entlastung von Verantwortung, die dabei sich realisiert, nimmt nicht sowohl einen von den Malen der Pflicht geheilten Zustand vorweg, als daß sie die Verantwortung auf die Modelle abschiebt, denen nachzufolgen man sich selber zur Pflicht macht. Solches Spiel ist bloßer Schein von Spiel; darum inhäriert der Schein notwendig dem herrschenden Musiksport. Es ist illusorisch, die technisch-rationalen Momente der heutigen Massenmusik — oder die Sonderfähigkeiten der regredierenden Hörer, die diesen Momenten korrespondieren mögen — auf Kosten eines faulen Zaubers zu fördern, der doch dem blanken Funktionieren selber die Regel vorschreibt. Illusorisch wäre das aber auch, weil die technischen Innovationen der Massenmusik überhaupt keine sind. Für Harmonik und Melodiebildung versteht sich das von selbst: die eigentliche koloristische Errungenschaft der neuen Tanzmusik, die Annäherungen der verschiedenen Farben aneinander so weit, daß bruchlos ein Instrument fürs andere eintreten oder eins ins andere sich maskieren kann, ist der Wagnerschen und nachwagnerschen Orchestertechnik ebenso vertraut wie die Dämpfereffekte der Blechbläser; selbst unter den synkopischen Künsten aber ist keine, die nicht bei Brahms rudimentär vorhanden, von Schönberg und Strawinsky nicht überboten wäre. Die Praxis der heutigen populären Musik hat jene Techniken nicht sowohl entwickelt als konformistisch entschärft. Die Hörer, welche diese Künste sachverständig bestaunen, werden dadurch keineswegs technisch geschult, sondern reagieren mit Widerstand und Abneigung, sobald ihnen die Techniken in jenen Zusammenhängen vorgeführt werden, in denen sie ihren Sinn haben. Von diesem Sinn, von ihrer Stellung im Gesellschaftsganzen so gut wie in der Organisation des einzelnen Kunstwerks hängt allein ab, ob eine Technik als fortschrittlich und „rational" gelten kann. Technisierung als solche kann in den Dienst der kruden Reaktion treten, sobald sie sich als Fetisch etabliert und durch ihre Perfektion die versäumte gesellschaftliche als schon geleistet hinstellt. Daher sind denn alle Versuche, Massenmusik und regressives Hören auf dem Boden des Bestehenden umzufunktionieren, gescheitert. Konsumfähige Kunstmusik hat mit dem Preis ihrer Konsistenz zu zahlen, und die Fehler, die sie enthält, sind nicht „artistische", sondern in jedem falschgesetzten oder rückständigen Akkord spricht sich die Rückständigkeit derer aus, deren Nachfrage man sich anpaßt. Technisch konsequente, stimmige und von den Elementen des schlechten Scheins gereinigte Massenmusik aber schlüge in Kunstmusik um: sie verlöre sogleich die Massenbasis. Alle Versöhnungsversuche, sei es marktgläubiger Artisten, sei es kollektivgläubiger Kunsterzieher, sind fruchtlos. Sie haben nicht mehr zustande gebracht als entweder Kunstgewerbe oder jene Art von Erzeugnissen, denen eine Gebrauchsanweisung oder ein sozialer Text beigegeben werden muß, damit man über ihre tieferen Hintergründe sich rechtzeitig informiere.

Das Positive, das der neuen Massenmusik und dem regressiven Hören nachgerühmt wird: Vitalität und technischer Fortschritt, kollektive Breite und Beziehung zu einer undefinierten Praxis, in deren Begriffe die flehentliche Selbstdenunziation der Intellektuellen eingegangen ist, die doch ihre gesellschaftliche Entfremdung von den Massen am letzten dadurch beseitigen können, daß sie sich dem gegenwärtigen Massenbewußtsein gleichschalten — dies Positive ist negativ: Einbruch einer katastrophischen Phase der Gesellschaft in die Musik. Positives liegt beschlossen allein in ihrer Negativität. Die fetischisierte Massenmusik bedroht die fetischisierten Kulturgüter. Die Spannung zwischen den beiden musikalischen Sphären ist derart angewachsen, daß es der offiziellen schwerfällt, sich zu behaupten. Wie wenig es auch mit den technischen Standards des standardisierten Massenhörens auf sich hat: vergleicht man die Sachkenntnis eines Jazzexperten mit der eines Toscaniniverehrers, so ist jener diesem weit überlegen. Aber nicht nur den musealen Kulturgütern, sondern der uralten, sakralen Funktion der Musik als der Instanz zur Bändigung des Triebes wächst im regressiven Hören ein erbarmungsloser Feind heran. Nicht ungestraft, darum auch nicht ungezügelt, werden die depravierten Erzeugnisse der Musikkultur respektlosem Spiel und sadistischem Humor überantwortet. Vor dem regressiven Hören beginnt Musik insgesamt, einen komischen Aspekt anzunehmen. Man braucht nur dem unverzagten Klang einer Chorprobe von außen zu lauschen. Mit großartiger Eindringlichkeit ward diese Erfahrung in einigen Filmen der Marx Brothers festgehalten, die eine Operndekoration demolieren, als sollte die geschichtsphilosophische Einsicht in den Zerfall der Opernform allegorisch zugerichtet werden, oder mit einem hochachtbaren Stück gehobener Unterhaltung den Flügel in Trümmer schlagen, um sich des Rahmens der Klaviersaiten als der wahren Zukunftsharfe zu bemächtigen, auf der sich präludieren läßt. Das Komischwerden der Musik in der gegenwärtigen Phase hat vorab den Grund, daß etwas so gänzlich Nutzloses mit allen sichtbaren Zeichen der Anstrengung ernster Arbeit betrieben wird. Die Fremdheit der Musik zu den tüchtigen Menschen stellt deren Entfremdung voneinander bloß, und das Bewußtsein der Fremdheit macht sich Luft im Gelächter. In Musik — oder ähnlich im lyrischen Dichter — wird die Gesellschaft komisch, die sie zur Komik verurteilt. Teil aber hat an jenem Gelächter der Verfall der sakralen Versöhnlichkeit. Sehr leicht klingt alle Musik heute so wie für Nietzsches Ohren der Parsifal. Sie mahnt an unverständliche Riten und überlebende Masken aus der Vorzeit, sie provoziert als Brimborium. Das Radio, das Musik zugleich abschleift und überbelichtet, trägt vorab dazu bei. Vielleicht hilft solcher Verfall einmal zu Unerwartetem. Einmal mag selbst den patenten Kerlen ihre bessere Stunde schlagen, die eher das prompte Schalten mit schon vorgegebenen Materialien, die improvisatorische Versetzung der Dinge verlangt, als jene Art von radikalem Beginnen, das nur im Schutz der unerschütterten Dingwelt gedeiht; selbst Disziplin kann den Ausdruck freier Solidarität übernehmen, wenn Freiheit zu ihrem Inhalt wird. So wenig das regressive Hören ein Symptom des Fortschritts im Bewußtsein der Freiheit ist, so jäh vermöchte es doch umzuspringen, wenn jemals Kunst in eins mit der Gesellschaft die Bahn des immer Gleichen verließe.

Für diese Möglichkeit hat nicht die populäre, wohl aber die Kunstmusik ein Modell hervorgebracht. Mahler ist nicht umsonst das Ärgernis aller bürgerlichen Musikästhetik. Sie nennen ihn unschöpferisch, weil er ihren Begriff des Schaffens selber suspendiert. Alles, womit er umgeht, ist schon da. Er nimmt es hin in der Gestalt seiner Depravation; seine Themen sind enteignete. Dennoch klingt keines, wie man es gewohnt war: alle sind wie durch einen Magneten abgelenkt. Gerade das Ausgeleierte gibt der improvisierenden Hand schmiegsam nach; gerade die vernutzten Stellen gewinnen ihr zweites Leben als Varianten. Wie die Kenntnis des Chauffeurs von seinem alten, gebraucht gekauften Wagen ihn befähigen kann, diesen pünktlich und unerkannt zum vereinbarten Ziel durchzusteuern, so kann der Ausdruck einer ausgefahrenen Melodie, angespannt unterm Hebel von Es-Klarinette und Oboen in hoher Lage, an Stellen ankommen, welche die gewählte Musiksprache ungefährdet niemals erreichte. Solcher Musik schießt das Ganze, worein sie die depravierten Fragmente fügt, wirklich zum Neuen zusammen, aber ihren Stoff übernimmt sie vom regressiven Hören; ja fast könnte man denken, in Mahlers Musik sei dessen Erfahrung seismographisch verbucht, vierzig Jahre ehe sie die Gesellschaft durchdrang. Wenn aber Mahler quer stand zum Begriff des musikalischen Fortschritts, so mag man ebensowenig die neue und radikale Musik, die in ihren avanciertesten Vertretern scheinbar so paradox auf ihn sich beruft, länger bloß unter dem Begriff des Fortschritts subsumieren. Sie setzt es sich vor, der Erfahrung des regressiven Hörens bewußt standzuhalten. Der Schrecken, den Schönberg und Webern heute wie einst verbreiten, rührt nicht von ihrer Unverständlichkeit her, sondern davon, daß man sie nur allzu richtig versteht. Ihre Musik gestaltet jene Angst, jenes Entsetzen zugleich, jene Einsicht in den katastrophischen Zustand, dem die anderen bloß ausweichen können, indem sie regredieren. Man nennt sie Individualisten, und doch ist ihr Werk nichts als ein einziger Dialog mit den Mächten, welche die Individualität zerstören — Mächten, deren „ungestalte Schatten" übergroß in ihre Musik einfallen. Die kollektiven Mächte liquidieren auch in Musik die unrettbare Individualität, aber bloß Individuen sind fähig, ihnen gegenüber, erkennend, das Anliegen von Kollektivität noch zu vertreten.

# DIE GEGÄNGELTE MUSIK

Müßig könnte es scheinen, kulturpolitische Maßnahmen in der sowjetischen Einflußsphäre und gar offizielle Richtlinien von dort sachlich zu erörtern. Jeder weiß, daß man jenseits des Eisernen Vorhangs Kultur von vornherein als Herrschaftsmittel einschätzt, daß alle kulturellen Sorgen, die man geflissentlich beredet, sich in Wahrheit nur auf Fragen der propagandistischen Wirksamkeit oder der Gleichschaltung mit der Generallinie beziehen. Einmal hieß Ideologie falsches Bewußtsein. Heute wird im sowjetischen Machtbereich der Ausdruck Ideologie positiv verwandt, etwa so wie die Nazis von Weltanschauung redeten, und damit unfreiwillig zugestanden, daß man den Geist zu eben dem entwürdigt, was man einmal am Geist kritisierte, als man Ideologie den bloßen Überbau realer Interessen nannte.

Das nachzuweisen, genügt aber nicht die abstrakte Versicherung, die allzuleicht zur selbstgerechten Beteuerung einer starren Gegenthese verkommt. Man muß schon, was dort als Kultur ausgeboten und oktroyiert wird, beim Wort nehmen, mit dem eigenen Maßstab vorgeblich höheren Bewußtseins messen, um übers ohnmächtige Verdikt hinauszukommen. Überdies ist auch darum eindringende Erkenntnis gefordert und nicht die Art abfertigender Polemik von oben her, wie sie gerade jenseits der Zonengrenze geübt wird, weil die Maßnahmen, welche die östlichen Kulturvögte im Gefolge der nazistischen verhängen, nur extremer Ausdruck einer Tendenz sind, die über die ganze Welt sich verbreitet. Allerorten droht unerbittliche Nivellierung des Bewußtseins. Man lauert auf Opfer und stürzt sich mit Vorliebe auf die moderne Kunst. Wer wissen will, was es mit den Klagen über deren Abseitigkeit, Substanzlosigkeit, Isoliertheit, Heillosigkeit, Dekadenz auf sich hat, von denen auch die nichttotalitäre Welt widerhallt, muß zusehen, worauf solche Klagen hinauslaufen, wenn sie von

Diktaturen zu Leitsätzen erhoben werden. Schließlich aber verrät die Kulturpolitik der Ostsphäre Entscheidendes über diese selbst. Während die Kultur, die man da verordnet, keiner ernst nimmt, zittert man doch vor jeder unreglementierten Regung, jeder Dissonanz, jedem spontanen Ausdruck von Leiden. Alles soll positiv, eitel Harmonie, Bestätigung des Daseins sein. Es bedarf nicht der Psychoanalyse, die ja drüben ebenfalls verfemt ist, um den Argwohn zu wecken, die tödliche Angst vor jeder Unbotmäßigkeit des Geistes, die Ächtung der Freiheit, die zu verwirklichen man doch immer noch vorgibt, entstamme dem Bewußtsein, das reale Leben selbst, dem sie den Aufbau des Sozialismus nachrühmen, werde sonst seiner eigenen Unwahrheit geziehen. Kunst darf nicht frei sein, weil sie als freie ausspräche, daß die Menschen es nicht sind; Kunst darf nicht negativ sein, weil sie sonst von der Negativität der gesellschaftlichen Existenz selber zeugte. Man redet in der Sowjetzone viel vom Erbe, mit dem man den bösen Formalisten zu Leibe rückt. Zu solchem Erbe aber gehört ein Distichon Hölderlins, das man sich hinter den Spiegel stecken sollte. Es lautet:

„Immer spielt ihr und scherzt! Ihr müßt? o Freunde! mir geht dies
In die Seele, denn dies müssen Verzweifelte nur."

Die Scherze sind freilich meist unfreiwillig. Aber ich möchte mich nicht an die Kaisers-Geburtstags-Lyrik des Herrn Becher halten und nicht an die Erntedankmalerei. Ich ziehe ein Dokument vor, für das ich technisch zuständiger bin und das überdies sorgsam und mit viel Intelligenz formuliert ist, offenbar im Bestreben, Intellektuelle einzufangen. Wohlweislich wird vermieden, ihnen die Knute zu zeigen. Der „2. Internationale Kongreß der Komponisten und Musikkritiker", der vom „Syndikat der tschechischen Komponisten" in Prag organisiert wurde, hat einstimmig eine Proklamation und eine Resolution angenommen. Sie will gesellschaftliche Kritik am herrschenden Musikbetrieb, sachlich-musikalische Maßstäbe und die Politik jenes Herrn Shdanow, der bekanntlich die russischen Komponisten terrorisierte, vereinen. Das geschieht nicht nur mit großem taktischem Geschick, sondern auch, indem man Elemente der Wahrheit in den Dienst der Ideologie stellt. Angeknüpft wird an Phänomene wie die Kommerzialisierung der Musik durch die bestehende Kulturindustrie und die innere Gefährdung der fortgeschrittenen Produktion durch ihre gesellschaftliche Isoliertheit. Gerade weil ich als Exponent der neuen Musik deren unausweichliche gesellschaftliche Problematik aufs stärkste hervorgehoben habe, halte ich mich für verpflichtet, dem Mißbrauch solcher Motive im Dienste von Reaktion und Unterdrückung auch dann entgegenzuarbeiten, wenn diese mit einem progressiven Vokabular sich tarnen.

Die Proklamation geht davon aus, daß Musik und Musikleben unserer Zeit in einer tiefen Krise stünden. Längst ist in Europa der Begriff der Kulturkrise in Mode. Wer vom wahren Grund des Unheils ablenken will, verweist darauf, die Kultur sei in Unordnung. Man orientiert sich dabei an Vorstellungen von gesund und krank. Das Ideal gesunder Kultur aber, wie es selbst Nietzsche nicht verschmähte, will, daß das Schwache zugrunde gehe. Was man als erkrankte Kultur brandmarkt, ist Stimme des Schwachen und Unterdrückten, auch wenn es selbst nichts davon verspürt. Die unnütze und zerbrechliche Schönheit, wie sie bei Kollektivisten jeglichen Schlages heute als Dekadenz, Ästhetizismus, *l'art pour l'art* geächtet ist, meint — sei es auch im falschen Bewußtsein — den Protest gegen eine verhärtete, verdinglichte Gesellschaft. Deren Partei dagegen ergreift die Rede von der Kulturkrise, gebunden an das Wunschbild von Geschlossenheit, Allgemeinverbindlichkeit und Harmonie. Ihr zufolge soll Kunst „unproblematisch“ sein, ungefährdet in sich, gefahrlos dem Einverständnis. Einzig, wenn der Gesamtzustand prinzipiell sanktioniert, nicht als widerspruchsvoll vorgestellt wird, läßt Allgemeinverbindlichkeit als kulturelle Norm sich aufrichten; einzig wenn Kultur bestätigen soll, was ist, hat sie dem Kriterium der Harmonie zu gehorchen. Daher soll unbeirrtes Denken sich von grandiosen Phrasen über Kulturkrise nicht einlullen lassen. Der Begriff der Krise läßt sich nicht von der Ökonomie auf die Kultur übertragen. Ziel wäre eine krisenlose Gesellschaft, nicht eine krisenlose Kultur; und jener kann heute ihr ästhetisches Recht bloß in kritischer Kunst werden. Die Herstellung eines spannungslosen Zustands des Bewußtseins, und von Produkten, die diesem entsprechen, würde nur die Verblendung verstärken.

Was es mit dem Begriff der Kulturkrise auf sich hat, zeigt sich in der Empfehlung der Proklamation an die Musiker, sie sollten einen Ausweg finden aus ihrer Neigung zu extremem Subjektivismus. Denn die vergeßlichen Nachfahren Hegels glauben, eine Tendenz objektiv-gesellschaftlich bestimmten Wesens lasse durch bloße Gesinnung, einen Willensakt des einzelnen Künstlers sich verändern. Meinen sie im Ernst, das Verhalten des Künstlers sei Sache des Entschlusses, sei nicht vorgezeichnet durch seinen Bewußtseinsstand, in dem die ganze Gewalt des historischen Zuges sich umsetzt in das, was ihm möglich und was ihm nicht möglich ist? Man könnte aus dem wohlmeinenden Rat, doch Vernunft anzunehmen und den extremen Subjektivismus aufzugeben, das Entsetzen heraushören, das in totalitären Staaten bereits der Gedanke an Subjekte auslöst, die überhaupt noch von sich aus reagieren, anstatt Befohlenem blind sich anzupassen. Denn nichts wäre falscher, als die Subjektivität mit dem individuell Zufälligen, Privaten zu verwechseln. Ein einziges richtiges Bewußtsein, ein richtiges Subjekt, das sich nicht dumm machen läßt, ist nicht weniger objektiv als tausend falsche, verblendete, und sicherlich objektiver als die Ukase, die Herr Shdanow ausheckte. Als Erkennendes vermag das Subjekt an einer Objektivität teilzuhaben, die von Terror und Propaganda Umnebelten versperrt ist, und von solcher Erkenntnis wird auch die Praxis mitbetroffen, die vielleicht das Verhängnis wenden könnte.

Kunst ist aber nichts anderes als eine Gestalt solcher Erkenntnis. Je strenger die Künstler dem sachlich als richtig Erkannten sich überlassen, um so eher dürfen sie hoffen, des Zufälligen und Nichtigen sich zu entäußern, das als Last des verfallenden Individualismus unter den gegenwärtigen Bedingungen zwangsläufig ihnen auferlegt ist. Nie sollte Kunst Ruhe und Ordnung garantieren oder spiegeln, sondern das unter die Oberfläche Verbannte zur Erscheinung zwingen und damit der Oberfläche, dem Druck der Fassade widerstehen. Gäbe sie solchen bestimmten Widerspruch auf, so verlöre sie mit dem kritischen Element ihr ästhetisches und würde zum nichtigen Spiel erniedrigt. Sie darf nicht durch eine Disziplin, die sie der Gesellschaft abborgt, deren Krise vertuschen, sondern ihre eigene Disziplin muß die reale enthüllen. Dazu muß sie noch des Restes jener gefälligen Ideale sich entledigen, wie sie hinter der Rede von der Musikkrise als Norm stehen. Denn sie taugen einzig noch dazu, die universale Gleichschaltung zu rechtfertigen; die edle Form ist zum Schandmal von Verstümmelung entartet.

Die Proklamation klagt über den schlechten Zustand der Kultur. Sie wendet das auf die ernste Musik an mit der These, ihr Inhalt werde stets individualistischer und subjektiver — als ob das dasselbe wäre —, ihre Form stets komplizierter und mechanischer konstruiert. Über die Schwierigkeiten, in der Musik den Inhalt von der Form zu trennen, setzt die Proklamation sich souverän hinweg. Indem die Begriffe dogmatisch vorgebetet werden, gewähren sie die Möglichkeit, unter dem Titel Inhalt etwa für den Ausdrucksgehalt, soweit dieser überhaupt „Inhalt" heißen darf, die poetisierende Darstellung äußerer Begebenheiten, das Ideal der Programmusik aus dem neunzehnten Jahrhundert, einzuschmuggeln. Nach einer derartigen Inhaltsästhetik steht musikalische Schlachtenmalerei höher, als wenn es einem Musikstück gelingt, eine verwehende seelische Regung festzubannen. Daß der Ausdruck solcher Regungen heute überall auf der Erde den Massen ohne deren Schuld entfremdet ist, gibt kein Recht, diese Entfremdung als Werk des bösen Willens derer auszuschelten, welche die Regung haben oder gestalten. Vielmehr liegt in dem gespaltenen Zustand der Appell, einen zu verwirklichen, in dem jeder Mensch am Zartesten und Differenziertesten teilhaben kann. Statt dessen aber wird von der Proklamation den Künstlern ein Verhalten nahegelegt, das, gemessen am Stand ihrer eigenen Produktivkräfte, auf Rückbildung hinausläuft und auf die Verleugnung dessen, was man besser weiß.

Während die Proklamation über den Bewußtseinsstand der fortgeschrittenen Künstler mit einem Federstrich hinweggeht, fetischisiert sie dafür den gewiß nicht minder gesellschaftlich bestimmten Bewußtseinsstand der Massen, das Erbe ihrer Unfreiheit, und unterschiebt deren geistiges Endprodukt als Kriterium volksdemokratischen Geistes. Gerade die Kunstwerke, die ihrem objektiven Wesen nach die gesellschaftliche Wahrheit darstellen, die in der Tat dem Laut geben, was in und über den Menschen ist, ohne daß diese selber solchen Lautes mächtig wären, jene wahren Kunstwerke sind durch unerbittliche Mechanismen vom Bewußtsein der Massen und von der Wirkung

auf diese abgetrennt. Umgekehrt ist, was Wirkung ausübt, meist nur der manipulierte und technisierte Abhub veralteter Bewußtseinsformen des gleichen Individualismus, gegen den das Feldgeschrei geht. Wenn man überhaupt sinnvoll Kunst mit dergleichen Forderungen präsentieren könnte, dann stünde an erster Stelle nicht die nach unmittelbarer Wirksamkeit, sondern die, daß Kunst den gesellschaftlich produzierten Mechanismus der Verblendung durchschlagen hilft, der ihr die Wirkung verwehrt, und daß sie damit ihre wahre Wirkung erlange. Eine solche Forderung aber läßt sich nicht isoliert an die Kunst richten. Sie wäre nicht Sache einer ästhetischen Proklamation.
Diese macht den Versuch, den widerspruchsvollen Zustand der Musik, den keiner leugnen wird, der der umfassenderen Widersprüche sich bewußt ist, technisch zu konkretisieren. Das sieht dann so aus:

> „Die Elemente der ernsten Musik haben die Proportion zueinander verloren: entweder herrschen die rhythmischen und harmonischen Elemente exzessiv auf Kosten des melodischen Elements vor, oder die Elemente von Form und Konstruktion werden so überbetont, daß dabei Rhythmus und Melos vernachlässigt werden; schließlich gibt es Stile in der zeitgenössischen Musik, in denen formloser melodischer Fluß und quasi-ästhetische Nachahmung älterer kontrapunktischer Stile an Stelle logisch-musikalischer Entwicklung traten, ohne daß dabei die Armut der Erfindung in der Mehrheit der Fälle verdeckt werden könnte.“

So sachverständig das klingt, so wenig läßt es sich halten. Manches ist ganz unsinnig; dunkel bleibt, woran bei dem „formlosen Fluß der Melodie“ gedacht wird, der da mit der Imitation älterer kontrapunktischer Stile, dem Neoklassizismus, sich verbinden soll. Ebenso unklar ist, wo Form und Konstruktion auf Kosten von Rhythmus und Melodie sich vordrängen, während die Verfasser des Manifestes recht wohl wissen müssen, daß in der Schönbergschule, auf die sie hier offenbar zielen, die Konstruktion die rhythmische und melodische Gestaltung in sich einbegreift. Gerade in der traditionellen Musik trat gemeinhin jeweils ein Element auf Kosten der anderen hervor: das hat ihre Auffassung erleichtert. Erst die gescholtene neue Musik geht auf die Identität der herkömmlicherweise divergenten Elemente aus.

Aber es kommt gar nicht so sehr darauf an, daß fachmännische Redensarten aufgeboten werden, um Fachleute zu düpieren, ohne daß dem strenge Sachverhalte entsprächen. Entscheidend ist, daß in Wahrheit die Mißverhältnisse zwischen den einzelnen musikalischen Elementen zwar auch in der neuen Musik keineswegs überwunden wurden, so heroisch sie sich darum bemüht, daß sie aber so alt sind wie die gelobte Musik des bürgerlichen Zeitalters selbst, also zumindest dreihundertundfünfzig Jahre. So bedeuten die höchsten Anstrengungen der großen Komponisten von Bachs „*Kunst der Fuge*" über Beethovens letzte Quartette bis zu Schönberg den Versuch, durch Polyphonie, durch das kunstvolle Ineinanderpassen gleichzeitiger Stimmen, die Trägheit des formelhaften Zusammenklangs zu überwinden, Vertikale und Horizontale, Harmonik und Melodik, die durch die Jahrhunderte auseinanderweisen, in eins zu setzen. Hätte in der Vergangenheit wirklich Einheit der musikalischen Elemente existiert, so hätte es nicht jener verzweifelten Versuche bedurft: ihre Größe mißt sich an der Tiefe, mit der die Komponisten die unausrottbaren Widersprüche ihres Materials gewahrt haben. Schreibt man daher der modernen Musik die willkürliche Zerstörung einer Einheit zu, die in Wahrheit nicht bestand und im zerspaltenen Ganzen auch nicht bestehen konnte, so heißt das nichts anderes, als das Vertraute, Eingeschliffene, Herkömmliche, die Mauer vor den eigentlichen musikalischen Ereignissen zur Sache selbst machen. Die modernen Komponisten, die aus dem Umkreis der längst konventionalisierten Musiksprache ausbrechen wollen, werden von der Proklamation mit der Schuld an dem zuinnerst Fragwürdigen der herkömmlichen Musiksprache belastet, deren Konventionalismus einzig die Kehrseite ihres Brüchigen ist: denn nur weil es nicht gelang, die allgemeinen und getrennten Elemente der Komposition in das spezifische Leben jeder einzelnen einzuschmelzen, sind jene zu Formeln geronnen. Daß auch die im Osten denunzierte avantgardistische Musik bis heute die ästhetischen Widersprüche auf höherer Ebene erneut hervorbringt und abermals etwas von jenem mechanischen und verdinglichten Wesen zeitigt, das der traditionellen Musiksprache eignet, ist fraglos. Das rechtfertigt

aber nicht, Musik auf dem Verordnungsweg auf das frühere, krudere Niveau zurückzuschrauben.
Die gesellschaftlich vorgezeichnete Entfremdung der Musik, die sie stets wieder mit Starre in sich selber bedroht, läßt sich nicht dadurch aus der Welt schaffen, daß die Musik Verbundenheit mimt. Will Musik nicht der Reklame für die Welt verfallen, so muß sie der eigenen Widersprüche und Unzulänglichkeiten sich bewußt werden und trachten, es besser, konsistenter, substantieller zu machen, ohne dabei auf das Muster irgendeiner ihr fälschlich als Ideal vorgehaltenen Vergangenheit zu schielen. Sie kann nicht auf musiksprachliche Elemente zurückgreifen, die heute nur darum organisch scheinen, weil sie in den letzten Jahrhunderten durch Ausscheidung alles Abweichenden die Selbstverständlichkeit zweiter Natur angenommen haben.
Das gilt insbesondere für den Ruf nach der Melodie, in dem die Proklamation mit den Wünschen des Amüsierphilisters sich begegnet. In großer Musik war und ist Melodie dasselbe wie Form, der Inbegriff aller in der Zeit sich entfaltenden, sukzessiven Beziehungen der Musik. Dafür unterschiebt die Proklamation stillschweigend die klischeehafte, heruntergekommene Form des Melodiösen. Diese verdankt ihre Faßlichkeit lediglich den Eckpunkten und Formeln der gewohnten Harmonik, nicht der Notwendigkeit ihrer eigenen Bewegung. Ein etwa von Tschaikowsky abgezogenes melodisches Ideal ist nicht so sehr ein Heilmittel gegen die asozialen Ausschreitungen der modernen Musik, als daß es sich genau jener Welt der Schlager annähert, über welche an anderer Stelle die Proklamation scheinheilig sich empört. Sie stellt den künstlerischen Sachverhalt auf den Kopf: die Bestrebungen, welche sie als melodiefeindlich verurteilt, sind genau die, denen es auf die Emanzipation des Melos, auf die Befreiung des musikalischen Sinnzusammenhangs vom eingespielten Kommerz des Geistes ankommt, und was ihr Melodie heißt, ist einzig der tote Abguß eines selbst engen und beschränkten Typus von Melodik.
Daß die Proklamation die Mißverhältnisse und Widersprüche zwischen den musikalischen Elementen der Moderne zuschreibt und nicht dem geschichtlichen Prozeß, dem die Versöhnung von Allgemeinem und Besonderem mißlang, und dessen Charakter in der Kunst sich spiegelt, ist kein zufälliges Fehlurteil. Man

bedarf des *quid pro quo* aus triftigen taktischen Gründen. Es erlaubt soziologische Konsequenzen, die der Proklamation nur allzugut ins Konzept passen:

> „Je mehr diese Unangemessenheit in der sogenannten ernsten Musik offenbar wird, um so subjektiver werden ihre Inhalte und um so komplizierter ihre Form, und das verursacht eine Abnahme des Umfangs der Zuhörerschaft: sie wendet sich an kleinere und immer kleinere Kreise."

Aber das Auseinandertreten von musikalischer Produktion und Publikum ist keine „Schuld" der Komponisten, welche diese nach dem Satz des ertappten Portokassenjünglings: „Und werde ich mich bemühen, meinen Charakter Ihrem Wunsch gemäß zu ändern", abzubüßen hätten. Die Gründe liegen bei der gesellschaftlichen Totalität; weder beim Publikum, das sich der Arbeitsteilung nicht erwehren kann, noch bei denen, die, wie immer ohnmächtig, dem Druck der Verhältnisse widerstehen.
Kompliziertheit an sich ist weder schlecht noch gut: ihr Recht oder Unrecht hängt von der künstlerisch zu realisierenden Sache ab. Die gegenwärtige Unfähigkeit der Massen jedoch, Kompliziertes zu verstehen, Erbschaft ihres Ausgeschlossenseins von der Bildung, wird heute von der Kulturindustrie verstärkt, die sie prägt, und von ihrer eigenen Mechanisierung im Arbeitsprozeß. In ihrer sogenannten Freizeit sind sie kaum fähig, etwas anderes aufzufassen, als was diesem Arbeitsprozeß gleicht, auf bloße Reflexe des Hörers und Betrachters abzielt und in ihrem Bewußtsein den Zustand nochmals hervorbringt, in dem sie ohnehin existieren. Der heute allgegenwärtige Haß gegen das Komplizierte an sich ist ein Symptom gesteuerter Rückbildung. Je weniger die Massen fähig und willens sind, die Anstrengung des Verstehens auf sich zu nehmen, um so unbarmherziger werden sie zu bloßen Registraturapparaten dessen herabgesetzt, womit die Büros sie füttern. In der scheinbar massenfreundlichen Forderung des Einfachen verrät sich unverschämte Geringschätzung der Massen, der hämisch-behagliche Glaube an ihre naturgegebene Primitivität, die doch selber nichts anderes ist als der Inbegriff alles dessen, was von je, und stets aufs neue, den Massen widerfuhr. Deren eigener Haß auf das Komplizierte aber birgt als innerstes Geheimnis die Empörung darüber, daß

sie es sich verbieten müssen. Sie hassen, was sie nicht lieben dürfen.
Gerade dieser alles eher als natürlichen Primitivität aber sollen, der Proklamation zufolge, die Komponisten es gleichtun. Sie sollen, so heißt es darin,

> „einen Ausweg aus ihrer Tendenz zum extremen Subjektivismus finden, so daß Musik der Ausdruck der neuen und großen fortschrittlichen Ideen und Emotionen der breiten Massen und alles dessen, was fortschrittlich in unserer Zeit ist, werde".

Was unter den progressiven Emotionen zu verstehen sei, wird wohlweislich verschwiegen. Massenemotionen, die bewußtes Handeln durch blinde, unerhellte Identifikation mit Gruppe und Führerschaft ersetzen, sind auch dann als menschliche Verhaltensweisen rückschrittlich, Regressionen im psychologischen Sinn, wenn sie sich an fortschrittlich klingende Parolen anschließen. Man wird bei den Theoretikern, deren Namen man in den Oststaaten immer noch im Munde führt, vergebens nach „progressiven Emotionen" oder nach deren Lob suchen. Bewußte Rücksichtnahme auf unbewußte Triebtendenzen gehört zur faschistischen Technik der Menschenbehandlung. Die Vorstellung begeistert irgendwelche Flaggen schwenkender und irgendwelche Führer bejubelnder Massen spricht dem Gehalt der progressiven Ideen Hohn, in deren Namen die progressiven Emotionen losgelassen werden.
Davon abgesehen aber enthält die Ermahnung, die Komponisten sollten ihren Subjektivismus überwinden, um solche Emotionen und Ideen — wie, wird nicht gesagt — ausdrücken zu können, einen offenbaren Widerspruch zu den hochtönenden Erklärungen über die Notwendigkeit sachlich musikalischer Qualität. Erst wird so getan, als käme es auf die Musik an sich an, dann wird an ihrer Stelle die Wirkung substituiert, als wären beide unvermittelt dasselbe. Dabei kann es den Autoren der Proklamation kaum verborgen sein, daß die Konsequenz und Reinheit der Sache im gegenwärtigen Zustand mit der unmittelbaren Wirkung auf die Massen, der Anpassung an die Linie des geringsten Widerstandes unvereinbar ist. Wäre es der Proklamation ernst, so müßte sie das nach beiden Richtungen gleich

verhängnisvolle Mißverhältnis zwischen sachlicher Qualität und Wirkung — oder, grob gesagt: Erfolg — offen, ohne Beschönigung, aber auch ohne Demagogie aussprechen und dann den Punkt bezeichnen, an dem die Möglichkeit von Kunst fragwürdig wird, sobald man ihrem eigenen Gesetz nicht mehr blind sich überlassen kann, während ihre Rezeption um den Preis ihrer eigenen Stimmigkeit erkauft wird. Statt dessen schleicht der Widerspruch unvermerkt, gegen den Willen der Proklamation sich ein und führt zu der leeren, bequemen und unrealisierbaren Empfehlung einer Musik, die der eigenen Logik genüge und doch den Massen gefalle.

Genau besehen handelt es sich um einen Kompromiß zwischen Spezialisten der Verwaltung und solchen des Handwerks. Man habe zwar saubere, gut komponierte, in sich einwandfreie Musik zu liefern, müsse aber in jedem Augenblick des Mandats derer eingedenk bleiben, für die sie geschrieben wird:

> „Der Kongreß ruft die Komponisten der Welt dazu auf, Musik zu schaffen, welche das beste Handwerk, originelle und hohe Qualität mit echter Volkstümlichkeit verbindet."

Wie wenn das durchs bloße Dekret sich durchsetzen ließe, was seit hundert Jahren den fähigsten und verantwortungsvollsten Künstlern sich versagte; wie wenn sie nur etwas von den Ansprüchen an sich selbst nachzulassen brauchten, es sich nur recht leicht zu machen hätten, um ins gelobte Land des seligen Einverständnisses mit der Gemeinschaft zu gelangen.

Daß tatsächlich, trotz der anspruchsvollen Diskurse über die Widersprüche zwischen den musikalischen Elementen, derartige Vorstellungen die Proklamation tragen, kommt an einer anderen Stelle zutage. Es wird da den Komponisten zur Pflicht gemacht, ihre Aufmerksamkeit „auch auf solche musikalischen Formen zu richten, die eines konkreten Inhalts fähig sind, wie Oper, Oratorium, Kantate, Chor, Lied usw.". Demgemäß sei es eine der Aufgaben der „Internationalen Vereinigung fortschrittlicher Komponisten und Musikwissenschaftler", „internationale Wettbewerbe für Opern, Kantaten, Chöre, Massenlieder und ähnliches zu veranstalten, die den in der Proklamation des Kongresses ausgedrückten Ideen entsprechen".

Kaum bedarf es einer besonderen Empfehlung, Vokalmusik zu schreiben. Stets haben bedeutende Komponisten darum ebensosehr sich bemüht wie um instrumentale, auch die im Osten geächteten Modernen: Schönbergs Werk schließt alle Vokaltypen vom Sololied über Oper und Oratorium bis zum didaktischen Chor ein. Aber es wäre schwachsinnig, eine Werthierarchie aufzurichten nach der Gleichung: Menschliche Stimme = menschlich = sozial; Instrument = unmenschlich = formalistisch. Vielmehr verdankt der musikalische Humanismus Beethovens sich gerade dem, daß er das Instrumentale, das „Mittel", gänzlich durchseelte und mit dem Zweck, dem Lautwerden des Menschlichen selber, versöhnte.

Das Menschliche durch das Dinghafte hindurch zu realisieren und nicht zu tun, als herrschten urtümliche, vorarbeitsteilige Zustände, ist einer der wesentlichen Aspekte der großen Musik nicht weniger als des realen Humanismus. In Beethovens Quartetten ist „der Menschheit Stimme" nicht schwächer als in dem mächtigen Rezitativ Leonores, dessen Textworte der Menschheit Stimme anrufen. Der „konkrete Inhalt" von Musik mißt sich überhaupt nicht an ihrem Text, sondern an ihrer eigenen Gestalt, dem, was in ihr selber konkret sich vollzieht. Der Text ist zunächst nicht ihr Inhalt, sondern ein ihr Auswendiges, an das sie sich anschließt und das sie in sich zu lösen sucht. Ob die Idee eines Textes in der Tat in den substantiellen Gehalt der Musik übergeht, liegt am Gelingen der Komposition, nicht an der Textwahl als solcher, so wesentlich diese auch stets wieder für die rein musikalische Qualität sich erwiesen hat.

Wenn die Proklamation mit planender Geste der Vokalmusik eine Art von Priorität zuspricht, so geht es ihr dabei nicht um die Überwindung irgendwelcher abgründiger Unstimmigkeiten der Musik, sondern um den Gedanken an die propagandistische Wirkung, der etwa im Begriff des Massenchors sich anzeigt. Die Musik soll diejenigen einfangen, deren grob stoffliches musikalisches Bewußtsein die geistige Leistung, die Sublimierung nicht zuwege bringt, absoluter Musik zu folgen, und die der Textkrücken bedürfen. Darum werden die Komponisten ermuntert, selbst geschichtlich heute tief fragwürdige musikalische Formen wie das Oratorium zu wählen. Die musikalische Produktion wird manipuliert, weil man die Menschen selber manipulieren will.

Das erklärt die groteske Rolle der Organisation in den beiden Dokumenten. Von ihr, einem den einzelnen Künstlern Äußerlichen und sie Kontrollierenden, wird gesprochen, als ob sie die Widersprüche, man muß schon sagen: schlagartig schlichten könnte, die in der Sache selbst heute nirgends sich schlichten lassen. Die Komponisten sollen es aufgeben, darum sich zu bemühen, und lieber den Schein eines Zustandes bereiten, in dem alles zum besten ist, im übrigen aber sich nicht nur der geistigen Verhaltensweise nach, sondern ganz buchstäblich der Verwaltungsapparatur, den Kontrollräten des Ostblocks überantworten. An Stelle der gesellschaftlichen Versöhnung tritt die Selbstliquidation der Subjekte. So heißt es denn wörtlich:

> „Alle Teilnehmer haben einstimmig die Organisation des 2. Internationalen Kongresses der Komponisten und Musikkritiker durch das Syndikat tschechischer Komponisten begrüßt. Er hat den Weg für internationale Zusammenarbeit zwischen Komponisten und Musikwissenschaftlern auf der breitest möglichen Basis geebnet ... Der Kongreß ist überzeigt, daß diese neue internationale Assoziation fortschrittlicher Komponisten und Musikwissenschaftler und ihre bewahrende und bewußte Arbeit die Gefahr überwinden wird, die in einer langwährenden und tief verwurzelten musikalischen Krise liegt, und der Musik ihre wichtige und veredelnde Funktion in der Gesellschaft zurückgeben wird."

Das Syndikat und die Richtlinien nämlich, nicht das verantwortliche Handeln derer, die da von nichts befreit werden als von der Verantwortlichkeit. Kein Zweifel wird daran gelassen, daß die Überwindung der sogenannten musikalischen Krise nicht durch die Lösung der objektiven Probleme, sondern durch straffe Organisation und Verwaltungsmaßnahmen gemeint ist. Wenn die Proklamation versichert, sie habe nicht die Absicht, die Komponisten zu gängeln, und verlautbart, jedes Land und jedes Volk müsse seine eigenen Mittel und Wege finden, so ist das bloße Phrase, an der nichts zählt als allenfalls die Betonung nationaler Differenzen, die mit dem neuen russischen Nationalismus und der Hetze gegen das Kosmopolitische zusammenhängt. Wer sich der Musikerfachschaft, die den Namen des Fortschrittlichen usurpiert, eingliedert, wird von vornherein auf die Beschlüsse des Kongresses vereidigt.

> „Die Teilnehmer des Kongresses sind verpflichtet, aufs intensivste dafür zu arbeiten, daß die Gedanken, die in der vom Kongreß herausgebrachten Proklamation erarbeitet wurden, in Praxis umgesetzt werden."

Zugrunde liegt die Vorstellung, daß der Zerfall der individualistischen Gesellschaft ohne weiteres auf Organisation als die höhere Form weise — auch dort, wo die Sache ihrem eigenen Sinn nach Freiheit und den Widerstand des Lebendigen gegen Organisation meint. Denn es war Aufgabe der Kunst, seit es überhaupt eine entwickelte Tauschgesellschaft gibt, der immer weiter fortschreitenden institutionellen Umklammerung des Lebens zu opponieren und ihr ein Bild des Menschen als eines freien Subjekts entgegenzuhalten. Im unfreien Zustand aber ist Kunst des Bildes der Freiheit mächtig nur in der Negation der Unfreiheit. Sie spottet des Aufrufs zum Positiven. Das kommandierte Unwillkürliche ist komisch. Funktion der Kunst ist es nicht, ein Zahnrad im Getriebe abzugeben, sondern eines Zustands sich zu erwehren, in dem alles nur für irgend etwas „funktioniert". Unter administrativer Kontrolle, dem Eingriff ranküneerfüllter Zensoren ausgeliefert, wird Kunst gerade durch ihre vollendete Zweckmäßigkeit zwecklos, durch ihre reibungslose Vergesellschaftung gesellschaftlich falsch. Während die Resolution sich gebärdet, als liege ihr die Rettung der Musik am Herzen, wirkt sie daran mit, sie zu lähmen. Sie übt im Namen der Kritik am Individualismus eine Aufsicht aus, die schon vermöge ihrer eigenen Form als Aufsicht, den Künstlern gewalttätig gegenübertretend, den Fortbestand genau jener gesellschaftlichen Entfremdung, den Widerspruch von Einzelnem und Ganzem bezeugt und verewigt, den der Kollektivismus verleugnet.

In einer solidarischen Gesellschaft wären Ermahnungen zur Lossage vom Subjektivismus nicht notwendig. Verwirklichte Solidarität wäre zugleich die Substanz der Künstler an sich: diese brauchten nur sich selber auszudrücken und wären schon die Stimme der freien Menschen, mit denen vereint sie leben.

Wenn die Idee der Französischen Revolution durch Beethovens Musik hindurchrauscht, so darum, weil Humanität den spontanen Gehalt dessen, was ihn zur Gestaltung drängte, die innerste Zusammensetzung seiner Form ausmachte. Er hatte keine und vertrat keine „revolutionäre Ideologie", sondern war Fleisch und Geist von 1789, auch als er die *Eroica* Napoleon widmete oder den Prozeß um ein imaginäres Adelsprädikat führte. Wären die fortschrittlichen Ideen, deren die Proklamation sich rühmt, im Bewußtsein und Unbewußtsein der Künstler bis in ihre tiefsten Reaktionsweisen hinein, ebenso substantiell, so müßten sie in den Werken aus eigener Schwerkraft sich darstellen, ohne daß die Künstler indoktriniert und überwacht würden. Bedarf es dessen, so ist etwas faul. Zwar mögen die Künstler, die befürchten müssen, sonst keine materiellen und intellektuellen Schlupfwinkel im Glashaus der Diktaturen zu finden, sich gleichschalten und zu Hofpoeten erniedrigen lassen, aber was sie leisten, wird um kein Gran authentischer, als wenn sie Narren auf eigene Faust blieben.

Wird eingewandt, genau daran müsse man sie wegen ihres bornierten und politisch bedenklichen Spezialistentums hindern, so ist zu entgegnen, daß die Bürogewaltigen, welche sie an die Kandare nehmen wollen, keineswegs weniger expertenhaft, sondern hochspezialisiert, „Propagandakünstler" — wie Herr Goebbels es nannte — sind, gewiß ebenso beschränkt wie die Experten für Kontrapunkt, und sicherlich gefährlicher durch den Widerspruch zwischen ihrem Bewußtseinsstand und ihrer Macht. Ahnungslos allem gegenüber, was nicht in ihr Ressort fällt, sind sie auf genau jenen Absud des banalsten Vergnügens geeicht, über den die Resolution Krokodilstränen vergießt.

Wird weiter eingewandt, die Freiheit des Künstlers sei selber bloß Ideologie, und gerade die authentischen Kunstwerke hätten stets in gewisser Weise unter sozialer Kontrolle, dem Willen der Auftraggeber oder dem Richtspruch des Marktes gestanden, so ist das sophistisch. Selbst wenn es schon immer so schlecht gewesen wäre, wäre das keine Rechtfertigung dafür, das Schlechte bewußt am Leben zu erhalten. Zudem aber verschleiert der Einwand wesentliche Unterschiede. Der beschränkte Kreis feudaler Auftraggeber erhob zumindest Anspruch auf Kennerschaft und erkannte damit die Unabhängigkeit des Künstlers wie des

Handwerkers an, der „etwas versteht“. Und der anonyme Markt der bürgerlichen Zeit ließ dem Künstler Raum genug, um abzuweichen, und honorierte sogar in gewisser Weise die Abweichung als Siegel der Genialität. Die bedrohliche kommissarische Verordnung ist mit der besseren Einsicht des Künstlers unvergleichlich viel weniger vereinbar noch als die Einmischung des Grafen, der auf Verwendung von Waldhörnern besteht, oder das Premierenschicksal einer Oper der italienischen Tradition, in der Komponist und Hörer gar nicht so schlecht sich verstanden.

Das fraglose Element von Schein in der künstlerischen Freiheit legitimiert nicht die Absicht, aus der Kunst alles zu verscheuchen, was an das Entfesselte, die wahre Freiheit mahnt. Heute ist die sogenannte junge Generation von Konformismus, verbohrter Sehnsucht nach Sicherheit, von Schlamperei und von der Bereitschaft zum Mitmachen viel mehr bedroht als von dem Gespenst des „extremen Subjektivismus“, das die Proklamation an die Wand malt. Was not täte, wäre, die Komponisten genau zu all dem zu erziehen, wogegen sie eifert.

Aber die Proklamation hält es mit den stärkeren Bataillonen. Sie stößt, was ohnehin fällt. Leicht könnte sie einer Volksfront sich eingliedern, die nicht bloß aus den verängstigten Trägern der fortschrittlichen Ideen und Emotionen besteht, sondern auch aus dem Spießbürgertum, das sich ob solcher Wendung der Dinge die Augen reibt oder ins Fäustchen lacht. Die wohlwollende Warnung vor künstlerischen Exzessen, der aufgewärmte Appell ans gesunde Volksempfinden, das eben noch unterm Faschismus der Wille derer war, die die Völker geknebelt haben, läuft auf die Demonstration der Gewalt hinaus, die nichts mehr duldet, als was sie selber gestempelt hat. Das Volk ist Opium fürs Volk.

## KRITIK DES MUSIKANTEN

### I

Die gleichsinnigen Bestrebungen, die als Jugendmusik, Laienmusizieren, Singbewegung, Spielkreise bekannt wurden und die ich musikpädagogische Musik nannte, stützen in ihrem besonderen Sektor sich auf ein älteres und weit allgemeineres Bedürfnis. Sie werfen sich als musikalische Sachwalter dessen auf, was dem technisch-zivilisatorischen Fortschritt zum Opfer fällt, was den Preis zu zahlen hat. Heute, da der Begriff des Fortschritts sich zu überschlagen und selber in Regression überzugehen beginnt, ziemt es weniger als je, solche Regungen mit einem Hochmut zu belächeln, der sich auf der Seite des geschichtlich Stärkeren weiß. Nicht nur ist unentschieden, was in der Realität als stärker sich behauptet, sondern der geschichtliche Sieg verbürgt keineswegs die Wahrheit. Seit der industriellen Revolution hat das Leiden an der Entfremdung der Menschen voneinander, der Verdinglichung ihrer Beziehungen sein Selbstbewußtsein erlangt. Menschen, die zuinnerst das Recht fühlen, ihr Leben selbst zu bestimmen, sind Gefangene einer Welt, deren traditionale Formen zwar vergingen, in der sie aber gleichwohl einem anonymen Gesetz, dem des Tausches, ohne Schutz und ohne Wärme ausgeliefert sind. Abgeschnitten von der Hoffnung, einen Zustand realer Menschheit herbeizuführen, mißtrauen sie voller Angst der Dynamik der Geschichte, die ihnen das letzte Gute nehme und das Bessere nicht gebe. So wird ihre Sehnsucht ins Vergangene zurückgestaut. Wie die Jugendbewegung überhaupt blieb die musikalische wesentlich eine des gebildeten kleinen Bürgertums und reflektiert dessen geschichtliche Not[1]. Darüber, daß sie nicht die Realität selbst zurückzuschrauben vermögen, sind sie während der letzten dreißig Jahre belehrt worden. Um so zäher klammern sie sich zum Ersatz an die

[1] Vgl. Wilhelm Kamlah, Die Singbewegung und die musische Bildung, in: Die Sammlung, Göttingen 1955, 10. Jahrgang, 12. Heft, S. 611.

Musik, die als sanktioniertes Schutzgebiet von Irrationalität vorab sich empfiehlt. Bei jenen, die aus der älteren Jugendbewegung stammen, schwingt stets noch die Illusion mit, das musikalisch Erstrebte griffe auch in die Realität ein: Georg Götsch etwa nennt das Ziel der Singbewegung „mehr soziologisch als musikalisch“ [2]. Aber es ist, wie es in meinen Darmstädter Thesen hieß, „unmöglich, einen Zustand, der in den realen ökonomischen Bedingungen gründet, durch ästhetischen Gemeinschaftswillen zu beseitigen. Wer daran glaubt, ist selbst verblendet von eben jener Arbeitsteilung, der sich die Sehnsucht nach ‚Gemeinschaft‘ entziehen will. Nur wer in einem Sonderbereich befangen ist, ohne dessen Beziehung auf das Ganze des gesellschaftlichen Lebensprozesses zu erkennen, kann wähnen, daß durch isolierte Praktiken die Isolierung gelöst, etwas wie richtige Beziehungen zwischen Menschen wiederhergestellt werden könnten. Es steht nicht bei der Macht musikalischer Gesinnung und kultureller Programme, der Musik etwas von jener vorgeblich allumfassenden, hegenden Objektivität einzuflößen, die sie während der letzten zweihundert Jahre angeblich verlor, nach der Art, wie Hindemith vor dreißig Jahren hoffte, es ließe sich ein ‚Stil‘ finden, der wieder allgemein verbindlich sei. Die innere objektive Substanz von Musik und ihre allgemeine Rezeption mußten nie zusammenfallen. Heute ist jene das Gegenteil von dieser. Nur wenn Kunst dem eigenen Bewegungsgesetz folgt, tut sie das gesellschaftlich Rechte.“

Dagegen verteidigte sich die Jungmusikbewegung. So hat Wilhelm Twittenhoff [3] den Begriff des ästhetischen Gemeinschaftswillens als unklar abgelehnt, wie wenn ich ihn aufgebracht hätte und nicht die Ideologen der Jugendmusik. Statt dessen handele es sich bloß um den Willen zu „ästhetischen Gemeinschaften“: „als solche darf man gewiß Konzertvereinigungen, Liebhaber-Orchester, Chöre, Sängerbünde, Jugendmusikverbände, Spielkreise, Akkordeongruppen usw. bezeichnen. Gemeinschaften dieser Art gibt es in Deutschland unzählige: ihnen allen gemeinsam ist der Wille, die durch reale ökonomische Bedingungen bewirkte gesellschaftliche Entfremdung

[2] Georg Götsch, Bücher statt Begegnungen?, in: Junge Musik, 1955, I, S. 4 ff.

[3] Junge Musik, 1954, S. 185.

mittels gemeinsamen Singens, Musizierens und Musikhörens zu überbrücken. Es gibt also eine unübersehbare Menge menschlicher Zusammenschlüsse, die mit realen ökonomischen Bedingungen wenig oder gar nichts zu tun haben, wohl aber mit dem Willen zu menschlicher Gemeinschaft oder gar dem Willen zu gemeinsamem ästhetischen Tun. Keine dieser Gemeinschaften glaubt mit ihrem Tun die ökonomische Entwicklung rückgängig machen zu können; sie wollen nur dem Menschen von heute — neben seinem ökonomischen Dasein — noch andere Erlebnisformen vermitteln." Die geschmeidige Formulierung verdeckt das Spezifische der Jugendmusik. Wenn es um nichts anderes ginge, als daß Menschen sich treffen, um Musik zu machen, dann wäre etwa zwischen dem Kammermusikspielen des neunzehnten Jahrhunderts und der Praxis der Sing- und Spielkreise kein wesentlicher Unterschied. Diese aber halten ihr Tun nicht nur für überökonomisch, obwohl es auf ein ökonomisch Gesetztes reagiert, sondern für überästhetisch; Twittenhoff bestätigt, daß sie die gesellschaftliche Entfremdung durch gemeinsames Musizieren überbrücken möchten, während private Streichquartette im neunzehnten Jahrhundert weniger und vielleicht mehr wollten: bedeutende Werke kennenlernen und einigermaßen realisieren. Der Glaube jedoch, daß, wo ein paar Menschen zu einer Sache sich zusammentun, die Entfremdung gebannt, Gemeinschaft gegenwärtig sei, trügt. So gewiß auch heute noch die Möglichkeit realer Beziehungen und menschlicher Intimität überdauert, so wenig ändert sie, und gar ihre planvolle Konservierung, etwas am gesellschaftlichen Grund des Unheils. Im Gegenteil: geplante Primärgruppen tasten deren eigenen Begriff an. Sie sind selber ein Stück Verwaltung.

Theoretiker der Singbewegung wie Wilhelm Ehmann und Wilhelm Kamlah haben längst die Kontamination von Musizieren und Gemeinschaft kritisiert. Aber während die Singbewegung jene Einsicht als ihr Eigentum verbucht, läßt sie doch von ihr sich nicht anfechten. Immer wieder versichert man, daß Einordnung in Gemeinschaften besser sei als Isolierung. Wäre sie es selbst, so hinge ihre Legitimation nicht bloß ab von dem, was sie den Mitgliedern seelisch verschafft. Viele damals Junge mögen in der Hitlerjugend die Art von Gemeinschaftserlebnissen empfangen haben, der heute manche Führer der Musikbewegung nachtrauern. Dennoch war jene Gemeinschaft von Grund auf schlecht und falsch, weil sie die Kräfte von Nähe und Verbundenheit für Unterdrückung und Gewalt mobilisierte. Das Verhältnis des einzelnen zu Gemeinschaften unterliegt der historischen Dynamik. So gründlich der aufs beschränkte Eigeninteresse eingeschworene Individualismus zur Ideologie verkam, so gewiß kann einer menschenwürdigen Gemeinschaft zuzeiten der aller Bindungen Ledige besser dienen als der, welcher anbefohlene akzeptiert und darin auch noch seine sittliche Genugtuung findet. Das den Kollektiven zur Integration überantwortete Individuum verwirklicht heute in diesen nicht die eigene Freiheit, sondern unterwirft sich einem ihm selber fremden und meist undurchsichtigen Prinzip, selbst wenn es Einverständnis sich einredet. Das Glück, das die Kollektive bereiten, ist das verbogene, mit der eigenen Unterdrückung sich zu identifizieren. Musikalisch ist die Einordnung in bestehende Lebensformen unvereinbar mit dem Stand der musikalischen Produktivkräfte. Autoren wie Ehmann verkennen nicht die daher rührenden Beschränkungen. Für diese ist nichts Triftigeres anzuführen als die bloße Tatsache der kollektiven Einordnung selber. Dadurch aber gerät in die unentwegt ethische Jugendmusik ein Moment von Borniertheit und Unwahrheit.

Wilhelm Ehmann und Wilhelm Keller, entschiedener als Wilhelm Twittenhoff, haben mir entgegnet, ich fände mich, indem ich den immanenten Bewegungsgesetzen der Musik, der Autonomie des Kunstwerks vertraute, mit der Entfremdung und Verdinglichung der menschlichen Beziehungen resigniert ab. Aber die Autonomie von Kunst selber, durch die sie sich dem Getriebe entgegensetzt, ist ihrem innersten Sinn nach bereits die Negation der versteinerten Verhältnisse. Wer daher die Grenze des ästhetischen Bereichs zur gegenwärtigen Praxis verwischt, nivelliert es auf jene Praxis und damit die herrschende Verdinglichung. Durchweg kehrt die Jugendmusik mit pointierter Absicht eingeschliffene Formen und Konventionen hervor und begehrt heftig auf gegen alle Spur des Ungebärdigen, alles was nicht vom gesellschaftlichen Mechanismus präformiert ward. Der nicht bereits eingefangene menschliche Laut ist tabuiert. Davon lenkt die im Bereich manipulierter human relations zuständige Phrase ab, daß es „auf den Menschen ankomme“. Der Verdinglichung könne man nur durch Vermenschlichung entgegenwirken, sagt im Gefühl sicherer Resonanz Wilhelm Keller. Aber durch Vermenschlichung wessen? Doch nur durch eine der Gesellschaft selber, nicht ihrer ohnmächtig partikularen Formen. So unbestechlich sollte Kunst der eigenen Erfahrung gehorchen, daß sie den Verblendungszusammenhang der verwalteten Welt durchbricht: Verfremdung allein antwortet auf die Entfremdung. Nicht aber widersteht der Realität eine Kunst, die sich menschlich gebärdet, einen rechten Zustand inmitten des falschen vortäuscht, indem sie auf kollektive Wirkungen sich einrichtet oder die Verbindlichkeit ihrer eigenen Formen vorgaukelt. Junge Musik, definiert mit Vorliebe Herman Erpf, sei um des Menschen willen da. Dagegen darf ich an Sätze aus meinem Einleitungsvortrag zum Darmstädter Gespräch über Organisation und Individuum 1953 erinnern: „Immer wieder begegnet man der Versicherung, es komme doch einzig auf den Menschen an. Spricht man aus, was es mit den Menschen unter dem Druck der verhärteten Welt auf sich hat, so wird der Spieß umgedreht und der Kritiker selbst der Unmenschlichkeit geziehen. Daß es einzig auf den Menschen ankomme, ist einer jener abstrakten und daher schwer angreifbaren Sätze, in denen Wahres und Unwahres verderblich sich mischen. Soviel ist wahr, daß das Verhängnis auf Menschen, die menschliche Gesellschaft, zurückweist und von Menschen sich wenden ließe. Unwahr aber ist, daß es unmittelbar an den Menschen liege, daß diese erst einmal anderen Sinnes werden müßten, damit die in allen Fugen ineinandergepaßte und darum aus den Fugen geratene Welt wiederum in Ordnung komme. Es ist eine alte, schon von Hegel und Goethe verworfene Illusion, die Selbsttäuschung der individualistischen Gesellschaft, daß das Innere des Menschen sich aus sich heraus, ohne Rücksicht auf die Gestalt des Äußeren entfalte. Wollte man etwa sagen, die Bedrohung der Menschen durch die Organisation ließe dadurch sich überwinden, daß die Menschen sich die innere Freiheit zur Entscheidung erhielten, oder am Geistigen Anteil nähmen, oder dem sinnlos über sie Ergehenden von sich aus Sinn verliehen, so wäre das eitel und vergeblich. Bemühungen um die Humanisierung der Organisation, wie wohlgemeint sie auch sein mögen, vermöchten die gegenwärtige Gestalt des gesellschaftlichen Widerspruchs zu mildern und zuzuschmücken, aber nicht aufzuheben." [4]

## 2

Der Kurzschluß der Jugendbewegung ist es, daß Musik ihr humanes Ziel nicht in sich selbst habe, sondern in ihrer pädagogischen, kultischen, kollektiven Verwendbarkeit. Wilhelm Ehmann bezweifelt meine Beziehung zu „überästhetischen Kräften". Aber in der Kunst realisiert sich, was mehr ist als Kunst, nur durch diese, die Erfüllung ihres immanenten Anspruchs hindurch, nicht indem sie die Segel streicht und sich unter ihr äußerliche Zwecke oder Kategorien subsumiert. Ihr Überästhetisches ist ästhetisch vermittelt. Noch ihr Ernst ist, Kant zufolge, zugleich auch ein Scheinen: sie scheint „als Rührung ... kein Spiel, sondern Ernst zu sein" [5]. Man fällt dahinter zurück, wenn man die Polemik gegen ästhetische Autonomie auf einen engen fin-de-siècle-Begriff des l'art pour l'art zuspitzt, der selber nur als Protest gegen die Herrichtung des Geistes für den Markt ersonnen war, während jegliche Musik, die seit der Ära der französischen Revolution nach Gehalt und Gestaltung an der Idee von Freiheit teilhatte, die Emanzipation von heteronomen Zwecken voraussetzte. Am letzten erfüllt Musik sich dadurch, daß sie Menschen zu einer Gemeinschaft zusammenschweißt. Die Mechanismen, die das leisten, sind als solche irrationaler Identifikation der Psychologie nur allzu vertraut von jenen Massenphänomenen her, die Le Bon beschrieb, Freud erklärte. Stets wieder hat Musik die disziplinierende Funktion ausgeübt, welche Platon und Augustin ihr zumaßen. Nachdem die kirchliche Autorität in der Idee einer Gesellschaft von Gleichen und Freien zergangen war, ist diese Funktion in die Musik selbst eingewandert. Was dem naiven Blick deren gemeinschaftsbildende Kraft dünkt, ist weithin nur die säkularisierte Wiederholung der alten Disziplin, die nun vom ritualen Zweck an das dichte Gefüge des musikalischen Zusammenhanges überging. Legitim ist solche kollektive Repräsentanz der Musik einzig, wo die Einheit ihrer Autorität zur Einheit des Kunstwerks gerät: sonst

[4] Individuum und Organisation, Darmstadt 1954, S. 32.

[5] Kant, Kritik der Urteilskraft, § 23 (Analytik des Erhabenen).

taugt sie bloß zur Suggestion. Seine Wahrheit hat das Werk an dem, was seine Einheit, Kraft und Geschlossenheit ausspricht, schließlich an der Idee einer solidarischen Menschheit, nicht aber dort, wo es die Hörer glauben macht, sie wären schon eine Gemeinschaft, und ganz gewiß nicht, wenn es, anstatt innere Autorität zu erlangen, eine äußerliche verkündet oder durch ihr Gehabe eine ihres Inhalts beraubte Autorität den Menschen einübt. An der integralen Gewalt großer Musik mögen sie erfahren, was mehr ist als bloßes Dasein, während die Jugendmusik die Kunst, die sie ins Leben zurückruft, eben damit aufs bloße Dasein reduziert und die Menschen, denen zu dienen sie sich rühmt, um die zentralen Erfahrungen von Kunst überhaupt bringt. Die aufgewärmte Parole von Gemeinschaft gegen Gesellschaft ändert daran nichts. Im Gegenteil, je mehr die verwaltete Welt sich ausbreitet, um so lieber sind ihr Veranstaltungen, die den Trost spenden, es wäre nicht so schlimm. Die Sehnsucht nach dem von der Vergesellschaftung Unverschandelten wird mit dessen Existenz und gar mit überästhetischen Wesenheiten verwechselt. Der Objektivismus musikalischer Gesinnung überschreit sich, weil die Objektivität, die er verkündet, bloßes Wunschprodukt des ohnmächtigen Subjekts ist.
Bei den „überästhetischen Kräften“ wird wohl an religiöse gedacht. Aber die musikalische Jugendbewegung übernimmt die Religion gewissermaßen en bloc, von außen her, als unbefragte Garantin des eigenen Beginnens. Nach ihrer Wahrheit wird so wenig geforscht wie nach der Legitimation ihrer traditionellen Formen; noch das Unbedingte wird von der Funktion aus visiert, dem Halt, den es einem verleihen soll. Während auf den Kommandohöhen der Theologie Bultmann die Entmythologisierung lehrt, sucht die Jugendmusik krampfhaft ihr Heil in institutioneller Kirchlichkeit und ignoriert gewaltsam den Gesamtprozeß von Aufklärung. Religion wird als Bindung um der Bindung willen akzeptiert, unter Dispens von aller weiteren Besinnung. Mit der Gemeinschaft wählt man, als ob das sich wählen ließe, Devotion und Gehorsam ohne Rücksicht auf den spezifischen religiösen Gehalt. Einzig die Sprecher der Kirche bringen demgegenüber zuweilen die Freiheit auf, vor Musik als Religionsersatz zu warnen. „Der Singbewegung jedoch geht es wesentlich darum, innerhalb konkreter Lebensformen zu wirken

und mit musischen Mitteln diese Lebensformen zu bauen und zu halten, gerade in ihrer ungeheuren Gefährdung. Von daher muß sie verstanden werden." Das ist der Schlüssel wie fürs Verhältnis der Jugendmusik zur Religion so insgesamt zu ihrem Überästhetischen. Der Begriff des Konkreten, herabgesunkenes Gut der vor dreißig Jahren modischen philosophischen Anthropologien, hält bloß noch dazu her, jeweils bestehende Formen gegen Kritik zu feien und gegenüber einer ebenso vagen „Gefährdung" zu rechtfertigen. Man unterstellt sich gleichsam freiwillig dem Etablierten. Das aber widerspricht dem Prinzip der Ordnung, das man advoziert, nicht weniger als der Autonomie selber. Musikalische Ohren sollten vor einem Ausdruck wie „mit musischen Mitteln" schaudern: das Musische, das sich selbst als Mittel anpreist, geht unmittelbar ins Amusische über. Man kann von amusischen Menschen reden, nicht ohne Scham von musischen. Überdies ist die Gefährdung hergebrachter Formen noch kein Freibrief für ihre Konservierung. Vielen wird heute heimgezahlt, was sie an Zwang und Gewalt den Menschen vordem antaten. Kunst und Kunstübung sind nicht dazu da, ihnen beflissen beizuspringen.

Sonst wird sie selber aus dem Zweck zum Mittel. Die Zwecke sind ihr dabei einigermaßen gleichgültig; es kann die Gemeinschaft als solche sein, der Kultus, die Erziehung, oder irgendwelche Aufgaben der Sozialfürsorge. Die innere Zusammensetzung einer Musik aber, die nur noch freut, daß sie dienen darf, gerät dadurch in einen Bann. Überemsig nach außen, verliert sie die Innenspannung. Sie wird konkretistisch und abstrakt zugleich; befangen im Anlaß, verkümmert in der eigenen Entfaltung. Man weiß, welche Rolle einmal in der Jugendbewegung das Wort Musikant spielte, wenn jetzt auch, aus Angst vor der Spitzmarke Romantik, die ehemalige Jödesche Musikantengilde sich umgetauft hat, ohne daß man doch die Phrase vom urgesunden Musikantentum entbehren möchte. Der Begriff des Musikanten aber meint insgeheim bereits den Vorrang des Musizierens über die Musik; daß einer fidelt soll wichtiger sein, als was er geigt. Man malt sich insgeheim wohl einen Zustand diesseits der Kodifizierung musikalischer Texte aus; von ihm erwartet man retrospektiv Hilfe gegen die Verdinglichung, während die musikalische Notation, also die Objektivierung der

Werke, weit hinter die ältesten der propagierten Modelle zurückreicht. Stillschweigend wird instrumentale oder vokale Tätigkeit dem Dargestellten vorgezogen im Namen sich selbst genügender Spontaneität, die aus primärem Trieb stamme, ohne Rücksicht darauf, daß der Tätigkeitsdrang selber ein bloßes Derivat ist, die nach innen gewandte Notwendigkeit, zu arbeiten. Aber man wähnt, solche musikalische Betriebsamkeit sei der Reflexion entzogen, welche die Beziehung auf einen authentisch festgelegten Text allemal setzt, in wunderlichem Kontrast zu dem disziplinären, meist starren Charakter der gebotenen Musik selber, und zu der pedantischen Werktreue, deren man gleichzeitig sich befleißigt. Das Musikantenideal, das zunächst etwa an slawischen Komponisten des neunzehnten Jahrhunderts vom Typus Dvořak gebildet war, die längst selber als Romantiker anathema sind, hat dann wiederum auf die Kompositionspraxis übergegriffen. Die Werke werden weniger aus der Imagination hergeleitet als aus den Praktiken der Klangerzeugung und zeigen im übrigen auch an sich den Gestus eifrigen Musizierens, eine Art rastloser Geschäftigkeit; Hindemiths Stil hat dafür das Vorbild abgegeben. Worauf es einzig ankäme jedoch — der innere Fluß des Komponierens, der gerade dort durchbricht, wo er keines perpetuum mobile bedarf — wird scheel angesehen.

Technische Sachverhalte solcher Art nähme man zu leicht, beurteilte man sie bloß musikalisch. Die Substitution von Mitteln für Zwecke, die übrigens keineswegs auf die Jugendmusik sich beschränkt, sondern in deren extremen Gegensätzen, der Amüsiermusik und der fortgeschrittensten autonomen, ebenfalls sich konstatieren läßt, mißt sich einem gesellschaftlichen Sachverhalt an, der Schrumpfung der materiellen Basis des Komponierens. Die verwaltete Welt verlangt an Stelle der gleichsam frei, anonym für den Markt produzierten Musik wieder „Gebrauchsmusik“, zweckbestimmte Stücke. Das streamlining, das ökonomisch der Anarchie der Warenproduktion ein Ende bereitet, regrediert ästhetisch hinter die Ära des Hochliberalismus. Diese Not wird der Jugendmusik zur Tugend. Ihr Einleuchtendes liegt bei ihrer handgreiflichen Adäquatheit an den gesellschaftlichen Zustand; ihr Täuschendes darin, daß sie ihn durch ihr eigenes Gebaren sanktioniert und ideologisch womöglich als den ausgibt, der die „überästhetischen Kräfte“ entbinde. Im musikalischen Triumph des Gebrauchswesens, das die Jugendmusik so gern in ein geistiges, innerliches, von materiellen Bindungen unabhängiges Verhalten, ins Ethos umdeutet, erfüllt sich nur das Marktgesetz selber, das nackte für andere Sein, der reine Warencharakter, nachdem es dem ästhetischen An sich materiell ans Leben ging. Zu den Lieblingsworten der Jugendmusik, wie zum neudeutschen Jargon der Eigentlichkeit insgesamt, gehört „Auftrag“. Auch im Titel von Wilhelm Ehmanns Buch „Erbe und Auftrag musikalischer Erneuerung“, den man freilich nicht ihm selber zur Last legen sollte, kehrt er wieder. Exemplarisch ist die Zweideutigkeit jenes Wortes. Seine Autorität bezieht es von theologischen Erinnerungen, dem Auftrag Gottes; seinen Inhalt von Aufträgen irgendwelcher Instanzen, Behörden oder Gremien. Die Positivität solcher Aufträge hüllt sich in den Dunst ursprünglicher, unentstellter, womöglich transzendenter Erfahrung. Ob jedoch die Zwecke, denen die beauftragte Musik dienen soll, gut oder schlecht, wahr oder falsch, solche von Verwaltung oder solche von Freiheit sind, wird von dem zum Konkreten entschlossenen Musiker nicht bedacht. Eine Liste von Aufträge erteilenden Instanzen führt „karitative und soziale Verbände, Jugendorganisationen und die große Vielfalt dererlei“ auf. Wenn solche Stellen Musik brauchen und finden, so hat das nach den Spielregeln von Angebot und Nachfrage seine Richtigkeit, führt aber keineswegs der Musik „überästhetische Kräfte“ zu, sondern die institutionelle Kontrolle verhält sie zum Unterästhetischen. In solchen Listen ist die Affinität der Spiel- und Singmusik zur verwalteten Welt schlagend. Kaum je dürfte in der Musik soviel von Organisation, Organisationsfragen, Tagungen und ähnlichem die Rede gewesen sein wie in den Blättern der Musikanten. Der Sinn der Aufträge ist keineswegs, daß Musik, nach dem Wort des Novalis, sich ins freie Leben zurückbegebe. Wilhelm Ehmann fragt mich, was ich als Lehrer einer Volksschulklasse oder gar als Flüchtlingsvater in einem Bunker oder Behelfsheim musikalisch anfangen würde. Ich kann mich in einem solchen Beruf schwer vorstellen, aber die Frage wirft Licht auf den Standpunkt, von dem aus gefragt wird. Es ist der von Zwangssituationen. Ein verzweifelter Flüchtlingsvater muß vielleicht zur

Blockflöte und zum Gemeinschaftssingen greifen; die Ideologie der Jugendmusik hat längst ihr Echo in erheblichen Sektoren der Jugend selbst, die danach verlangen. Schuld aber trüge eine Situation, die jede freie Regung von vornherein erstickt und die Hoffnung aufs Überleben an autoritäre Ordnung knüpft. Wenn Menschen unter äußerstem sozialem Druck auf ein primitives Stadium zurückgeworfen werden, so ist die damit hergestellte Angemessenheit von Situation und geistiger Verhaltensweise kein Zeugnis wiedergewonnener Harmonie oder gar Spontaneität, sondern deren Gegenteil; Kunst wird zu einem Behelfsmittel des bloß Bestehenden, zur zusätzlichen Nahrung, weil doch nun einmal der Mensch nicht von dem Brot allein lebt, das in jenen Situationen ihm vorenthalten wird. Das Unrecht ist nicht bei denen, welche das Bestehende zu solchen Regressionen nötigt, sondern bei denen, die den Notstand als konkret verherrlichen — eine Tendenz übrigens, die keineswegs auf die Musik sich beschränkt, sondern auch in der Soziologie des restaurativen Deutschland viel Beifall erntet. Man ergreift die Partei der Not, die beten lehrt.

Wilhelm Ehmann erklärt sich gegen den Positivismus. Die Jugendmusik insgesamt hüllt sich in eine Aura des Geweihten oder Idealischen — sei's, daß sie unmittelbar an Theologie sich anlehnt, sei's, daß das Wort Jugend als solches die Augen aufschlägt, wie in dem Ausdruck „Junge Musik", den man mit soviel psychologischer Klugheit wider die Neue Musik wendet. Aber was den geschichtlichen Stand nicht Wort haben will, verfällt um so gründlicher der Zeit. Wilhelm Ehmanns pragmatistische Forderung nach der Anpassung von Musik an je gegebene Situationen wird so wenig dem Positivismus entgehen wie das Verhältnis der Singbewegung zur alten Musik. Sie verläßt sich dabei auf eine wertfrei operierende Musikwissenschaft, die, an den eigentlichen Kompositionsproblemen bis auf wenige Ausnahmen recht desinteressiert, dürftige Leistungen sogenannter kleiner Meister, die keine sind, mit demselben Ernst behandelt wie die authentischen Werke, und jene womöglich noch vorzieht, weil über sie noch nicht soviel gearbeitet worden sei. Hinzu tritt das Bedürfnis, obsolete Produkte wieder zu beleben, um mit den Schatzkammern der Kunstgeschichte konkurrieren zu können. Durch Symbiose mit der Musikwissenschaft wird die

Singbewegung wahllos gegenüber der Tradition; im sechzehnten Jahrhundert und vollends in der fälschlich so genannten Barockmusik wird von ihr kaum nach dem kompositorischen Rang unterschieden. Wilhelm Ehmann meint, es sei nicht gleichgültig, ob ein Musikwissenschaftler sich mit Richard Wagner oder Heinrich Schütz beschäftige. In der Tat, wenn einen Musikwissenschaftler als Musik, und nicht als Weideland zum Dissertieren, Schütz mehr fesselt als Wagner, so bezeugt das zunächst einmal elementare Unkenntnis kompositorischen Formniveaus. Selbst das heruntergekommene offizielle Musikleben ist der Singbewegung immer noch insofern überlegen, als es sich weigert, Renaissancen zur Kenntnis zu nehmen, die sich der unheiligen Allianz von Collegium musicum und Singkreis verdanken.

Die Jugendmusik aber praktiziert alle mögliche historisch, sei's wirklich sei's vorgeblich, wichtige Musik, als wäre ihre geschichtliche Relevanz eins mit ihrer Qualität oder auch nur mit der Möglichkeit ihrer gegenwärtigen spontanen Erfahrung. Daß man über handfeste technische Maßstäbe für Gut und Schlecht innerhalb einigermaßen umrissener Verfahrensweisen verfügt, weiß man kaum. Spitta und Riemann hatten noch ein Organ für die unermeßliche qualitative Differenz zwischen Bach und Zeitgenossen wie Telemann oder rudimentären Vorformen wie Schütz. Dies Bewußtsein ist geschwunden oder wird absichtlich unterdrückt, als ob man das Distanzierende, Unberührbare an großen Kunstwerken nicht ertragen könnte. Unter Musikern sind jene Differenzen selbstverständlich; der Respekt vor historisch etablierten Namen jedoch ebenso wie die Tauglichkeit gerade mittleren Gutes für kollektive Übungen schafft in den jugendbewegten Laienkreisen einen Geisteszustand, den Scheler Wertblindheit genannt hätte. Wohl können archaische, unbeholfene Gebilde durch die Kraft des Zum-ersten-Mal höher rangieren als voll ausgereifte. Aber um zu dieser Erfahrung zu dringen, bedarf es zunächst einmal der jener Unzulänglichkeiten, in denen man dann nach heiliger Frühe fahnden mag; übrigens war Telemann kein Giotto und Schütz kein Piéro della Francesca. Wären sie es selbst, so läßt die heute einmal erreichte Materialbeherrschung nicht willkürlich in einen beschränkteren Horizont sich zurückschrauben. Der Einwand, den Erich Doflein und andere gegen mich erhoben: ich operiere in solchen Erwägungen mit einem Begriff absoluter musikalischer Qualität, schlägt nicht durch. Die Relativität von Kunst, als von Menschenwerk, reicht nicht aus, den Unterschied zwischen einem gut und einem schlecht harmonisierten Choral, einem plastischen und einem verschwommenen Kontrapunkt wegzuwischen. Das technisch Brüchige, die unzulängliche Imitation von Mustern ist durch keine Berufung auf kollektive Verwertbarkeit oder Auftrag zu retten. Paradox übrigens, daß eine Schule, die sonst allem nach ihrer Ansicht Relativistischen, vorgeblich Destruktiven in selbstgerechter Positivität opponieren zu sollen glaubt, sich auf den Allerweltsrelativismus des Geschmacksurteils herausredet, sobald es um ihre eigenen Güter geht.

Dabei waltet allenthalben dogmatische Sympathie mit Ewigkeitswerten. Man versucht, Kategorien und Formen geschichtlich begrenzten Wesens als Invarianten, Urelemente, Seinsstrukturen zu restituieren inmitten von Voraussetzungen, die ihnen widersprechen. Das verbindet sich mit Weltanschauung im anrüchigsten Sinne des kunstgewerblichen Wortes: viel weniger hat sich darin gegenüber der alten Jugendbewegung geändert, als man mir einreden will. Es käme auf Begegnungen an, sagt Georg Götsch[6], aber sie sollen beileibe keine Diskussion sein. Das kann nur heißen, daß Sprache, die auf begriffliche Mittel und damit auf Vernunft verwiesen ist, den eigenen Anspruch der Rationalität opfern soll. Selbst Wilhelm Ehmann argumentiert gegen mich im Sinn der traditionellen Jugendbewegung: „Auch am gemeinsamen Singen scheint Adorno selbst nie beteiligt gewesen zu sein." Den Ohren des musikalischen Nichtlaien kann das wohl nicht ohne weiteres zugemutet werden; gehört man aber zu einer solchen Gemeinschaft, dann waltet im allgemeinen bereits jene Identifikation, welche die Unabhängigkeit des Gedankens lähmt, die Wilhelm Ehmann mir immerhin zubilligt. Gerade er, der den Erlebnisbegriff der alten Jugendbewegung scharf attackiert, sollte auch vor Ideen wie der des gemeinsamen Singens nicht haltmachen, die aus jenem Begriff entsprang. Sonst gerät er unfreiwillig in die Nähe der Ansicht, man könne über den Nationalsozialismus nur

---

[6] Junge Musik, 1955, 1, S. 4 ff.

dann urteilen, wenn man selbst dabei gewesen sei. Den Opfern ist das im allgemeinen nicht möglich gewesen. Georg Götsch gar predigt, übrigens nicht ohne in den eigenen Reihen Widerspruch zu finden, eine „Liturgie des Alltags“ und eine „Theologie des Leibes“, und weckt das Gedächtnis an Fidus, Jugendstil und Lebensreformer; noch einmal die alte Ruskinsche Schimäre, durch ästhetische Veranstaltungen, durch die Wiederherstellung unversehrter sinnlicher Anschauung dem verödeten Leben metaphysischen Sinn einzublasen. Favorisiert wird von ihm und anderen der Begriff der Ganzheit des Menschen. Sie ist längst so auf den Hund gekommen, daß es dringlich ward, im Namen des œuvres von Marcel Proust daran zu erinnern, daß der Mensch keine Ganzheit sei. Wird deren Begriff aus seinem legitimen wissenschaftlichen Zusammenhang, dem der Gestaltpsychologie, entfernt, so verwandelt er sich leicht in den Vorwand, Vernunft und Wissenschaft nach Mephistos Empfehlung zu verachten, als mechanistisch zu denunzieren, Analyse mit Zersetzung zusammenzubringen.

3

Wer verlangt, daß man mitgesungen haben müsse, ehe man den Mund aufmachen darf, wird anführen, Singen sei ein menschliches Grundverhalten, eine „Befindlichkeit“, ein Existential und darum vorweg fördernswert. Wäre es selbst den Leitern der Jugendmusik gelungen, die von ihnen Erfaßten zum hemmungslosen Singen zu veranlassen — und niemand, der je bei einer „offenen Singstunde“ Fritz Jödes zugegen war, wird dessen eigentümliche Suggestionskraft unterschätzen —, darf dies Verdienst nicht unbestritten bleiben. Nirgends steht geschrieben, daß Singen not sei. Zu fragen ist, was gesungen wird, wie und in welchem Ambiente. Die Hemmungen, welche die Jugendbewegung wegräumte, hatten keinen durchaus schlechten Grund, wie denn bei dem frischen Drauflossingen ein Ton des Gewaltsamen, des gekauften Mutes, der Patzigkeit kaum zu überhören ist. Ich erinnere mich deutlich, wie peinlich es mir war, wenn meine Mutter und deren Schwester — beide Sängerinnen von Beruf — etwa auf Bitten meines Vaters im Wald „O Täler weit, o Höhen“ anstimmten. Dem Singen als einem Stück natürlichen, auf reale Situationen anstatt aufs objektivierte Kunstwerk bezogenen Verhaltens antwortet Scham. Das Sensorium weiß, wie weit die empirische Person und das ästhetische Subjekt auseinanderklaffen, und sträubt sich gegen den Schein, beide wären dasselbe — vielleicht, weil die Idee solcher Identität um keinen Preis herabgewürdigt werden darf, indem man sie als erreicht vorspiegelt. Gleich unrecht tut man dem Leben, das kein unmittelbar sinnvolles ist, von dem sich singen ließe, wie der Kunst, die der Idee des Absoluten Treue wahrt durch Distanz zur empirischen Realität. Die Singbewegung aber übertönt jene innere Stimme, welche nicht die des unbefangenen Singens ist. „Musizierfreudigkeit" insgesamt ist isoliert genommen weder ein Positives noch Negatives; wird sie um ihrer selbst willen — auch sie Mittel als Zweck — gepflegt, so wird sie zur Ersatzbefriedigung erniedrigt, die hinwegtäuscht über reale Versagungen. Im Lob der Musizierfreudigkeit klingt der von Brecht formulierte Gedanke „Tun ist besser als Fühlen" an. Aber der Begriff der Praxis ist in seiner Abstraktheit keineswegs besser als der der selbstgenügsamen Theorie. Wo es sich darum handelt, Menschen konkret von Opiaten zu befreien, mag jener Satz gelten, obwohl die Wut auf Opiate nicht frei ist vom Neid der Nüchternen. Sonst aber ist die Bejahung der Aktivität als solcher dubios. Sie überträgt gleichsam die eingeschliffene Arbeitsmoral immerwährender, unermüdlicher Anstrengung auf die Kunst und verkennt gewaltsam, daß Kunst, wieviel sie auch im eigenen Umkreis als Anstrengung erheischt, wesentlich Antithese ist zum Betrieb der Selbsterhaltung. In der Musik kann darum vom Primat des Tuns nicht die Rede sein, weil sie irrevokabel sich vergeistigte. Längst steuert musikalische Imagination das Hervorbringen von Tönen. Gegenüber dem bloß passiven Registrieren sinnlicher Reize ist sicherlich die angemessene künstlerische Erfahrung aktiv oder vielmehr „spontane Rezeptivität". Gerade die radikale neue Musik, Ärgernis der Musikanten, verlangt zur Auffassung ihrer Polyphonie und ihres komplexen Baus solche geistige Tätigkeit. Die aber ist grundverschieden von manuellen Verrichtungen.

Die angestrebte Musizierfreudigkeit, sozialpsychologisch gar nicht so verschieden von der Pseudoaktivität der Jazzfans[7], ist

[7] Vgl. Über den Fetischcharakter in der Musik und die Regression des Hörens, S. 36 ff.

infantil. Ihr Habitus mahnt an eingefrorene und nachträglich zum Programm erklärte Pubertät. Aber ihre charakteristische deutsche Reaktionsform ist umgekehrt als beim Jazz. Was die Jugendmusik an Ernst voraus hat vor der Amüsiermusik, macht sie wett durch eine verkniffene Haltung gegen das sinnliche Glück, das sie mit der Sphäre der Amüsiermusik vermengt. Horkheimer hat den Halbwüchsigen erfunden, der, wenn er einem hübschen Mädchen begegnet, zu dem es ihn zieht und das er sich aus äußerem oder innerem Zwang verbieten muß, abschätzig sagt: Pfui, die stinkt ja nach Parfum. So führt sich die Jugendmusik auf. Das legitime ästhetische Bedürfnis nach reiner, unornamentierter Darstellung wird zum Vorwand puritanischer Verfolgung alles Bunten und Lockenden, keineswegs bloß der Kitschfarben der Amüsiermusik, sondern auch jener Klänge, in deren Schärfe der negierte Wohllaut aufbewahrt wird; verhaßt ist noch die Lust im Leid. Man muß keinen Psychoanalytiker konsultieren, um einen antisexuell-asketischen Zug zu bemerken, ein Ethos der Prüderie, zurückdatierend auf die ältere Jugendbewegung[8]. Die Feindschaft gegen Psychologie und Ausdruck, die den Geschmack der Jugendmusik definiert, ist nicht objektiver Geist jenseits der Psychologie, sondern Angst vor ihr. Der Hang zur Reinigung und Ausmerzung beruht auf Verdrängung. Sie motiviert die konventikelhafte Weltanschauung, die das Partikulare zum Ganzen aufbläht. Daß in der Musik die Farbe aus der Konstruktion folgen, sich nicht als bloßer Effekt verselbständigen soll, hat die große neue Musik demonstriert; die Jugendmusik aber meint eigentlich nicht das — die konstitutive Beziehung von Farbe und Zeichnung ist ihrem historistischen Klangideal ganz gleichgültig —, sondern möchte die Emanzipation der Farbe als einer selbständigen kompositorischen Schicht überhaupt widerrufen und den Zustand vor ihrer Entdeckung wieder herstellen. Daran heftet sich ein zelotischer Affekt von dem Typus, wie er durchwegs repressiven Massenbewegungen gesellt ist. Man könnte dagegen die Restauration verschollener alter Instrumente und ihrer Farben halten.

[8] Vgl. besonders Fritz Jungmann, Autorität und Sexualmoral in der freien bürgerlichen Jugendbewegung, in: Studien über Autorität und Familie, Paris 1936, S. 669 ff.

Aber das trügt: die ausgegrabenen Farben werden goutiert um ihrer Unfarbigkeit, Unsinnlichkeit, Sprödigkeit willen. Man braucht nur den zugleich nüchternen und läppischen Klang einer Blockflöte zu hören und dann den einer wirklichen: die Blockflöte ist der schmählichste Tod des erneut stets sterbenden großen Pan. Offenbar will man im gleichen Geist nun auch der Posaune die eherne Stimme rauben und am liebsten alles, was sich an Farben überhaupt findet, nach dem dürftigen Brauch von Stadtpfeifereien aus der Zunftzeit ummodeln.

Nicht um musikalische Stilfragen handelt es sich bei alldem, sondern um ein Gesellschaftliches und Psychologisches. Das läßt sich an den literarischen Äußerungen der Jugendmusik ablesen. Alle eifern etwa gegen Snobismus, gleichgültig, was sie sich darunter denken. Keiner soll sich besser dünken als die anderen, keiner sich distanzieren: der Kleinbürgerhaß gegen eine Luxusschicht, von der man sich ausgeschlossen fühlt und auf die man das Verbotene und insgeheim Ersehnte projiziert, ist hier untergeschlüpft zusammen mit einem Antiintellektualismus, der hinter jeglicher Überlegenheit Wichtigmacherei wittert und sie mit dem Stolz des „mir san mir" niederschlägt. Die Norm sei gesund, die Abweichung krank. Darauf basieren zumal Urteile über die exponierte neue Musik im Gymnastikerinnen-Ton wie das von Georg Götsch: „Ob uns wirklich neue Musik gelingt, hängt ebenfalls davon ab. Bisher verlieren sich viele moderne Komponisten in rationale Experimente, in harmonische und rhythmische Spitzfindigkeiten, und verlieren dabei die Ganzheit der Kunstnot aus dem Auge. Glauben sie wirklich, dem ausgedörrten Mutterboden der Künste noch Gras und Korn abzuringen? Der kann erst wieder tragen, wenn ihn das Wasser neuen Lebens tränkt; bis dahin mag ihm Brache ziemen. Wer nicht selbst alle seelischen Grundkräfte wiedergewinnt, wie kann dessen Tun fruchtbar sein? Wessen persönlicher Rhythmus gestört ist, wie kann der rhythmisch gesunde Musik schreiben, und gar Tanzmusik?"[9] Aber die ästhetische Produktivkraft ist von der seit Riemanns Ausfällen gegen Schönberg immer wieder angeprangerten „Lust, Unerhörtes zu leisten", gar nicht zu trennen. Wer nicht sucht, findet nichts. Der Aber-

---

[9] Hausmusik, 1951, S. 37.

glaube an die pure Unwillkürlichkeit in der Kunst begnügt sich mit der Billigung des Billigen. Wem es an Empfindlichkeit gegen Banales und Abgegriffenes, gegen das heute allemal sich selbst bespiegelnde Biderbe und Tumbe mangelt, ist kunstfremd, auch wenn er über das Musische orakelt. Das ist die Sphäre, die ich in meinen Thesen angegriffen hatte und die mit ihrer kernigen Verteidigung meinen Angriff bestätigt: „Entschlossen will man vergessen, was an Differenzierung, subjektiver Ausdruckskraft sich auskristallisiert hat. Menschliche Rückbildung, ein Typus der es noch nicht zum Individuum gebracht hat, möchte sich als den höheren, in der Gemeinschaft aufgehobenen behaupten, ohne daß er das Glück von Individuation und Freiheit auch nur erfahren hätte." Jens Rohwer empört sich darüber, daß ich die Bewegung „organisierter Banauserie"[10] geziehen hätte. Nun sagte ich nicht Banauserie, sondern Banausie, wie es Jacob Burckhardts Sprachgebrauch und korrektes Deutsch ist; man soll wenigstens die Worte genau lesen, gegen die man eifert. Aber an der Sache fände ich nichts zurückzunehmen. Die „Entkunstung der Kunst", die ich am Jazz konstatierte[11], erstreckt sich auch auf die Musikbewegung; etwas Wind- und Lodenjoppiges, auftrumpfend Naturnahes, das sich aus der Verachtung vorgeblich bürgerlicher Formen eine Ehre macht, weil das Glück der Form selber, ohne das es keine Kunst gibt, verkümmerte. Von diesem Glück weiß der ästhetische Snob, selbst wenn er der Werke nicht mächtig ist; einer, der sich einen Picasso kauft, den er nicht versteht, aber aufs Fremde daran anspricht, ist mir lieber als ein Ethiker, der, Gift und Galle spuckend über das unverständliche Zeug, sich den Hans Thoma kauft, den er ja versteht. Man stößt in diesem Komplex wohl auf die Kernschicht der Jugendmusik. Ein Herr Baumgärtner etwa hat[12] einen Brief publiziert, in dem vom „Aufbruch der Singbewegung" und dem „Anliegen" bis zum „Urgut der Musik" schlechterdings alles versammelt ist im Zeichen offener Genußfeindschaft und verdrückter Askese. „Als Beispiel diene

---

[10] Jens Rohwer, Junge Musikbewegung im Feuer der Kritik, in: Junge Musik, 1953, 4, S. 107 ff.

[11] Prismen, Frankfurt 1955, S. 159.

[12] Hausmusik, 15. Jahrgang, 1951, S. 46 f.

das Bild einer Singwoche des Jahres 1930 und des Jahres 1950. 1930 waren sich die Singenden bewußt, daß der Umgang mit geistigen Gütern einen beherrschten Körper voraussetzt und damit erst wirklichen Gewinn bringt. Der Wert einer freiwilligen Askese war dem Menschen neu aufgegangen. Das Morgenturnen aller war selbstverständlich, Enthaltsamkeit von allen Reizmitteln (Alkohol, Nikotin), freiwillige Pünktlichkeit, Einordnung in die Gemeinschaft, unbedingte Nachtruhe, Verzicht auf scheinbar wichtige Zivilisationsgüter fraglos." Man möchte lieber nicht erst fragen, auf welche Zivilisationsgüter hier verzichtet werden soll. Das asketische Ideal Baumgärtnerschen Stils hat sich losgelöst von dem theologischen Grund, ist Selbstzweck und damit erst ganz böse geworden: Negation der Sinnlichkeit um der Negation willen. Die masochistische Komponente des Eifers zur Einordnung in die Gemeinschaft wird kaum mehr rationalisiert. Komplementär zu jener Komponente ist, im Sinn der sozialpsychologischen Kenntnis des ambivalenten Charakters, die sadistische. Die schäumende Jugend, die sich da der scheinbar wichtigen Zivilisationsgüter entäußert, zählt unter diese auch Brahms und beantwortet die Aufführung eines seiner Chöre mit schallendem Gelächter [13]. Möglich, daß unter den Brahmsschen Chören Liedertafelhaftes steht, wenngleich kaum etwas vom Durchschnittsniveau des siebzehnten Jahrhunderts oder des Herrn Hessenberg. Aber mit welchen Ohren hört man Brahms, wenn man an seinen Nebenprodukten das Mütchen kühlt. Wer so aufmuckt, ist schon bereit zum Ducken. Vom verdrängten Elternhaß ist nicht weit zum Kultus schlichter Altmeister und anderer Ahnen. Zahlreiche Zuschriften haben sich mit Baumgärtner solidarisiert.

## 4

Die Apologeten der Jugendmusik werden nicht zögern, entweder Äußerungen wie die Baumgärtners als Randphänomene zu bagatellisieren oder ihre Deutung dem bösen Blick des Betrachters zuzuschreiben, als spränge nicht ihr symptomatischer Gehalt ebenso in die Augen wie die Redaktionspolitik der offiziellen Zeitschriften, die dergleichen begünstigen. Sie beschweren

---

[13] Junge Musik, 1955, 2, S. 60.

sich, weil ich die objektive Tendenz der Bewegung — nicht die subjektive politische Gesinnung irgendeines einzelnen — dem Faschismus zugerechnet habe, und möchten sich deshalb am liebsten „Luft boxen“ [14]. Aber die Publikationen wimmeln von Äußerungen, die aufs Haar dem gleichen, was man einmal mit Recht Gedankengut, nicht etwa Gedanken, nannte. Georg Götsch gegenüber ist das von Theodor Warner, einem der wenigen selbstkritisch gesonnenen Exponenten der Singbewegung, scharf formuliert worden. „Übrigens — ‚Saftströme des Ursprungs‘ — das kennen wir doch, wie hieß das vor 1945? Im Kontrast damit ‚spätzeitliche Überreife‘: auch dafür gab es einen anderen Ausdruck, mit dem sich nicht nur trefflich gegen die moderne Kunst argumentieren, sondern vertreiben und zerstören ließ ... Wie lange will man noch solche im voraus definierten ‚Ursprünge‘ suchen, nachdem genügend politische Beweise dafür vorliegen, daß sie atavistische Neigungen haben?“ Solche Neigungen sind keine bloßen Reste der alten Jugendbewegung, sondern längst mit anderen Techniken der »Erfassung« verschmolzen. Von einer Schlüsselfigur der Singbewegung vernimmt man: „Der totale Staat hatte erkannt, daß die selbsttätig ausgeführte Musik ein wesentliches Element der Erfassung des jungen Menschen ist und daß zur Erfüllung der Jugendzeit das Lied einen entscheidenden Beitrag zu geben hat. Die einst im Nebenfach gepflegte Musik war plötzlich zu einem Hauptelement der Bildung des künftigen Volkes berufen. Wie man auch zum totalen Staat Adolf Hitlers stehen, welche Erfahrungen man auch im einzelnen in ihm gemacht haben mag, es ist nicht zu bestreiten: in diesen Jahren ist es weithin gelungen, das Grundanliegen der Jugendbewegung zu erfüllen und ein tätiges, eigenständiges Leben der Jugend zwischen der Kinderzeit und der Zeit des Erwachsenseins zu verwirklichen. Daß in dieser Zeit die Hitlerjugend die aus weltanschaulich-politischen Gründen geschaffene Front gegen Schule und Elternhaus hatte und dadurch zerstörend wirken mußte, steht auf einem anderen Blatt und muß für die vorliegende Betrachtung außer acht bleiben. Das Entscheidende ist, daß es damals gelungen ist, die Jugend zu einem gemeinsamen Tun, zu schöpferischer Gestaltung der Freizeit zu gewinnen. Es ist auch

---

[14] Jens Rohwer, l. c., Junge Musik, 1953, 5, S. 147.

kein Geheimnis, daß sich viele Führer der Jugend- und auch der Singbewegung (selbst wenn sie dem Nationalsozialismus als Skeptiker oder Gegner gegenüberstanden) bewußt in diese Arbeit hineingestellt haben, weil dies der einzige Weg war, im Dritten Reich die Jugend zu erreichen." [15] Das genügt. Die Liberalität der Formel „wie man auch zum totalen Staat Adolf Hitlers stehen mag" dient einzig der Toleranz gegen den Todfeind von Liberalität. Nicht darum geht es, „welche Erfahrungen man auch im einzelnen in ihm gemacht haben mag", und auch nicht darum, daß die Nazis „Schule und Elternhaus" nicht mochten, sondern um die Erfahrungen der Millionen, die der Hitler in Gaskammern ermorden oder auf den Schlachtfeldern zugrunde gehen ließ. Das allein, nicht das „gemeinsame Tun der Jugend" entscheidet. Solange die Organe der Jugendmusik Äußerungen solcher Gesinnung unwidersprochen drucken und nicht rücksichtslos dafür sorgen, daß dergleichen Erfasser bei ihnen nichts mehr anzugeben haben, besteht der Verdacht der Boxfreudigkeit zu Recht.

Die geistige Ahnenreihe der Singbewegung enthält denn auch ausschließlich extrem reaktionäre Autoren. Ihre Manifeste lassen eine verwandte Saite anklingen, ohne daß man bei den Parolen stutzte, geschweige denn die konkreten sozialen Zusammenhänge erwähnte, in denen jene Vorfahren wirkten. Besonders stolz ist man auf die Tradition des von dem berühmten Heidelberger Juristen Thibaut während des Vormärz wiederbelebten A-capella-Singens. Er war ein so gründlicher Reiniger, daß er selbst Mozart als Verderber deutschen Wesens befocht; wie denn die Tabus der gegenwärtigen Singbewegung sich keineswegs bloß auf die Romantik erstrecken, sondern, ohne daß das offen gesagt würde, auch auf Haydn, Mozart und Beethoven, die zwar nicht verboten, aber, im Sprachgebrauch des Dritten Reiches, unerwünscht sind. Thibaut frönte jedoch seiner Reinigungswut in seinem eigentlichen Gebiet nicht weniger als wo er dilettierte; der lauteste Sprecher jener Richtung der historischen Schule, welche das traditionell-germanische Recht von dem rational-römischen säubern wollte — ein Versuch, den

---

[15] Hausmusik, 16. Jahrgang, 1952, S. 2.

dann, wie man weiß, die Nationalsozialisten fortsetzten. Schon Hegel hat das finster Bedrohliche dieser Art von Irrationalismus des Vormärz in der Rechtsphilosophie gebrandmarkt; die Verehrung der musikalischen Jugendbewegung für Thibaut aber kümmert sich nicht darum. Nicht minder hochgeschätzt wird Wilhelm Heinrich Riehl, der hübsche Novellen und Aufsätze über Musik schrieb, sonst aber um die Mitte des neunzehnten Jahrhunderts ständisch-restaurative Soziallehren vertrat. Er riet in aller Unschuld, den Verwüstungen des Industriekapitalismus mit vermeintlich natürlichen Ordnungen entgegenzuwirken, denen damals bereits der Industrialismus den Boden entzogen hatte. Heute ist das Mißverhältnis ins Groteske angewachsen, und einzig die rückschrittlichsten, provinziell beschränktesten Schulmeister schwören noch auf Riehl. Von zeitgenössischen Autoren wird Sedlmayr, der die neue Kunst des Verlusts der Mitte zeiht, von dem repräsentativen Richard Baum mit Sympathie zitiert, in einem Atem mit dem Lob der Bindungen und der Phrase vom Gegensatz des Organischen und Anorganischen[16]. Man verabscheut die Moderne und will doch zeitgemäß sein: die Formel dafür ist Erneuerung. Sie verfälscht das Neue vorweg in die Restitution eines Alten, wird mit dem Prädikat des ethisch Lobenswerten assoziiert, erwartet die Veränderung der Welt von der bloßen Inwendigkeit des einzelnen, der sich regeneriere, und schleppt automatisch einen Vorstellungsschatz mit, der vom Naturheilverfahren über die Reinheit von Blut und Rasse bis zur Ausmerzung des Entarteten reicht. Stets pflegten die deutschen Erneuerungen gegen Minderheiten zu gehen, und die sittliche Kraft, die sie aufrufen, hat die Gewalttat schon in sich. Das ideologische Klima ist anheimelnd.
Die Singbewegung hat die Erbschaft des zugleich konservativen und scheinrevolutionären Flügels der deutschen Jugendbewegung angetreten. Erleichtert wurde ihr das, weil die bündischen Sonderinteressen jenes Flügels ihn seinerzeit, ohne daß man im Kern allzusehr differiert hätte, in Konflikt mit der Partei brachten. Daher kann man sich heute mit gutem Gewissen auch noch als Widerstandsgruppe fühlen. Unbestreitbar aber

---

[16] Richard Baum, Vom Sinn unseres Musizierens, Hausmusik, Jahrgang 1950, S. 141.

ist die Gemeinsamkeit mit dem Faschismus in entscheidenden Positionen: dem Appell an die sogenannte Jugend als eine zugleich dynamische und gesellschaftlich vage Gruppe; der Anbiederung ans Volk und dessen angeblich heile oder naturhafte Kräfte; dem Vorrang des Kollektivs gegenüber dem einzelnen; der Diffamierung des Intellekts nicht minder als der Sinne und jeglicher subjektiven Differenzierung; dem bewährten Verfahren, Rückbildungen als Ursprünglicheres und Echteres, ja als fortgeschrittener denn der Fortschritt auszuposaunen. Wie der Nazi gegen entartete Kunst tobt, hat man noch jüngst in Lindau ein keineswegs besonders aggressives Stück von Anton Webern ausgepfiffen: immer noch überlebt der Nachhall des ominösen „Die deutsche Jugend lehnt das ab“, welche an Stelle des sachlichen Urteils die Berufung auf die Vielen rückt, die sich einig seien. Als ich in der Darmstädter Akademie den Vortrag über das Altern der neuen Musik hielt, trat mir in der Diskussion zornbebend ein Sprecher der Jugendmusik, dessen eigene Produktion sonst mehr mit Heinzelmännchen befaßt ist, entgegen, und fragte rhetorisch: „Woher nehmen Sie, Herr Adorno, den Mut, so über Männer wie Strawinsky und Hindemith zu reden, die der deutschen Jugend soviel bedeuten?“ Die Berufung auf Wirkungszusammenhänge ersetzt die Besinnung über die Sache; der Redner verteidigte seine Heroen mit Argumenten, die denen geläufig sind, welche die Erzeugnisse der Kulturindustrie beschützen, weil man doch den Leuten nicht wegnehmen dürfe, was sie mögen. Unerträglich war die Abweichung von der communis opinio derer, die sich selber als deutsche Jugend proklamieren. Auch darin gleicht trotz aller Proteste die organisierte Jugendmusik der älteren Jugendbewegung; schon in Hans Breuers Vorwort zum Zupfgeigen-Hansl begleiteten hämische Ausfälle gegen die Neutöner das innige Lob des Volkslieds.

Der latente Positivismus der Jugendmusik triumphiert in der Anpassung an die kollektive Meinung, der Allergie gegen autonomes Urteil. Mögen die Kollektive heute formalisiert oder mit Religion übertüncht sein, morgen können sie schon wieder trommeln. Ihr Konkretionsideal heißt nichts anderes, als daß die Kunst sich dem Gegebenen verschreiben, Bestehendes verherrlichen soll. Der gläubige Tonfall, mit dem man die bewahrende Funktion innerhalb gegebener Lebensformen anhimmelt, ist kaum etwas anderes als die Verschleierung jener Tendenz. Je mehr die Rationalität der gegenwärtigen Gesellschaft sich durchsetzt, um so eifriger und geschickter betreibt sie die Ideologie des Unbewußten, weil das Ganze sonst sich nicht ertragen ließe von denen, die es bilden. Die bei aller Rationalisierung unveränderte Irrationalität der Verhältnisse selber schafft für derlei Ideologien prächtige Voraussetzungen. Die Singbewegung profitiert von einem Aspekt dessen, was die amerikanische Soziologie cultural lag nennt: daß in einer hocharbeitsteiligen Industriegesellschaft die Entwicklung der künstlerischen wie aller geistigen Produktivkräfte der gesellschaftlichen Rezeptionsfähigkeit vorauslief. Diesen fragwürdigen Zustand nutzt die Bewegung als positiv aus, indem sie das zurückgebliebene Bewußtsein der Rezipierenden, selber gesellschaftliches Produkt, zur Natur erklärt und fordert, daß ihm, um seiner kollektiven Breite willen, Musik und musikalische Übung zu willen seien. Jene, an die man sich wendet, möchten weder in einer Welt, in der die eigene Initiative auf enge Schranken stößt, eigentlich mehr frei sein, noch sind sie als Subjekte zur Autonomie gediehen, sondern vielfach bloß funktionierende Reaktionszentren, die, um sich in der eigenen Entwürdigung einzurichten, nach geistigen Formeln suchen, die ihre Existenz als die des dienenden Glieds im Ganzen, mit Vorliebe dem des Volkes, rechtfertigen. Das verleiht der musikalischen Jugendbewegung ihre Attraktionskraft: sie legitimiert den Verrat an der Freiheit, zu dem die Verfassung der Dinge die einzelnen antreibt und zu dem sie von sich aus drängen; sie übertäubt, was immer sie dabei an Unbehagen noch empfinden mögen. Wilhelm Ehmanns Rede von der „ungeheuerlichen Gefährdung" gilt keineswegs bloß für die traditionalen Formen von Gesellschaft und Musik, welche die Bewegung konservieren möchte, sondern mehr noch für den Bewußtseinsstand der Adepten, den sie hegt; eben darum möchte man die gefährdete Jugend vorab vor ihren Beschützern schützen.

## 5

Mit den impliziten politischen Tendenzen der Jugendmusik ist ein Äußerstes benannt. Keineswegs einheitlich in sich selbst — und die Vielfalt der Meinungen gibt ihr, trotz des deutlichen Grundhabitus, stets die Möglichkeit der Distanzierung — läßt sie Raum für solche, die ein Heilendes oder Rettendes von ihr sich versprechen, ohne sich ihr mit Haut und Haaren zu überantworten. Vorab gehört hierhin Erich Dofleins pluralistische Position: die Weltanschauung der Jugendmusikbewegung, ihren Zug zur Ausschließlichkeit teilt er nicht[17]. Aber er sieht in ihr ein wesentliches Moment der nach Extremen polarisierten, in Divergentes auseinanderbrechenden Situation. Alle ihre Richtungen definiert er als Radikalismus. Dessen Begriff ist dabei einigermaßen verdünnt; die Postulate der Jugendmusik stimmen weithin überein in geistiger und sozialer Konformität. Nicht alles ist radikal, was in irgendeiner Dimension zum Extrem geht, sondern nur, was in „rücksichtsloser Kritik des Bestehenden" den negativen Zustand von der Wurzel her angreift; von solchem Radikalismus kann in der Jugendmusik nicht die Rede sein. Wohl sind gegenwärtige Musik und gegenwärtiges Musikleben unversöhnlich gespalten. Aber daraus folgt weder die objektive Gleichberechtigung der einander entgegengesetzten Kräfte noch Vertrauen auf eine mittlere Synthese. Was vor der Krise sich geborgen wähnt, ist am letzten von dieser ausgenommen. Bei der Deskription der Vielheit wäre nicht stehenzubleiben: wie sie abgeleitet werden kann, ist auch über das spezifische Gewicht der disparaten Momente zu urteilen. Das cultural lag, in dem die Bewegung sich ansiedelt, ist selber so alt wie die Trennung der hohen von der niedrigen kommerziellen Musik; ja hohe und niedrige Kunst klaffen auseinander, seit es so etwas wie städtisches Bürgertum überhaupt gibt, also seit der Antike. Diese Diskrepanz ist gesetzt mit Arbeitsteilung und Bildungsprivileg. Sie schafft in geschichtlicher Notwendigkeit hier die Autonomie des Geistes, samt alldem, was Wahrheit und was Schein ist an ihr; dort verschreibt sie den Geist dem Konsum um den Preis der eigenen Konsistenz. Aber vom Konsum her ist der Bruch nicht zu heilen, der in der Gesellschaft entspringt; nicht aus den Wundmalen, welche die Gesellschaft im Bewußtsein ihrer Angehörigen zurückließ, die Religion

[17] Vgl. Erich Doflein, Gewinne und Verluste in Neuer Musik und Musikerziehung, in: Vorträge der VIII. Arbeitstagung des „Instituts für Neue Musik und Musikerziehung" in Lindau 1955. Selbstverlag des Instituts, Hagnau am Bodensee.

kollektiver Wahrheit zu machen. Es gibt nur eine Wahrheit. Die Meinung, daß musikalisch Schönberg und die Spielmusiken nebeneinander leben könnten, als bestritte nicht das eine das Existenzrecht des anderen, wäre allzu harmlos. Nur wo Kunst zum Kulturgut neutralisiert ward, erscheint sie als Pantheon des Unvereinbaren; wird sie überhaupt noch lebendig erfahren, sind die Konflikte durchzufechten. An einer Kunst, welche die Fata Morgana von Gemeinschaft bereitet, ohne daß ihr eigenes Gefüge Negativität und Leiden der Menschen in sich aufnähme, und die blind Partei ergreift für sozial und ästhetisch autoritäre Formen, hat der verstehende Pluralismus seine Grenze.

Musikalisch lehrt Doflein eine Juxtaposition von „Werkwelt" und „Spielwelt". Schönberg habe das „Kunsthafte" der Musik auf eine äußerste Spitze getrieben — als ob der Kunst, nachdem sie einmal zur Kunst geworden ist, etwas anderes übrigbliebe, wenn sie nicht ihr eigenes Apriori verleugnen, nicht ein nichtexistentes media in vita fingieren will. Ungewiß, ob die selige Einheit von Leben und Kunst, die man dem Artifiziellen entgegenhält, je bestand; sicherlich aber ist es nicht an der Kunst, sie zu beschwören: der Wille dazu wäre genau jener Ästhetizismus, den die Singbewegung dem Artifiziellen vorwirft. Auch die Produkte der Jugendmusik sind Kunst, ob sie es wollen oder nicht, und haben künstlerischen Kriterien zu genügen, so gern sie ihnen auch entwischen möchten. Einmal notiert, geraten sie in jenen Prozeß, der unaufhaltsam zur fortgeschrittensten Kunstmusik treibt. Daß in dieser das Spielelement zu kurz komme, ist ein Irrtum: sie bietet mehr an Spielaufgaben, an Hürden und Hindernissen, als die abgezirkelte und genormte Simplizität der Spielmusik, die zwar leicht zu spielen ist, aber kaum den Spieltrieb sättigt. Er war aber auf das objektivierte Werk verwiesen schon während der Periode, in welche die Jugendmusikbewegung sich vergebens zurückwünscht. Daß die Fähigkeit zur Improvisation abstarb, rührt nicht vom Verkümmern der einigermaßen mythologischen musikantischen Kräfte her. Sondern im Generalbaßzeitalter selber waren zwischen Melodie und Baß der Improvisation so enge Grenzen gesetzt, daß sie in der zweiten Hälfte des achtzehnten Jahrhunderts ohne Verlust beseitigt werden konnte zugunsten authentisch auskomponierter Partituren. Die historisch gestimmte Singbewegung weiß im übrigen recht wohl von der Bescheidenheit der Improvisation ihres goldenen Zeitalters, einem geschichtlichen Intermezzo nach einer Periode äußerster Verbindlichkeit der Notentexte. Ist aber die sogenannte Spielwelt einmal die Funktion kodifizierter und objektivierter Texte, so ist sie auf diese auch ernsthaft verpflichtet. Wenn Doflein die Jugendmusikbewegung als Restitution der Spielwelt verteidigt, so gerät er denn auch in Widerspruch mit ihrem eigenen Postulat einer — puristisch-historistisch verstandenen — Werktreue; Spielwelt heißt dann zwar: Musikmachen als Selbstzweck, nicht um des Werkes willen, aber zugleich doch unter völliger Unterordnung unter dessen Notentext und unter vorgesetzte Stilnormen, so daß nichts übrigbliebe von jener Freiheit, die den Begriff des Spiels definiert. Was Doflein Spielwelt dünkt, ist keine eigene musikalische Sphäre, die von der Autonomie verdrängt worden wäre, sondern ein Wunschbild, entsprungen erst in der Vergeistigung der Musik, ein Stück Gegenwehr gegen die Sublimierung, gegen die unbequeme Wagnersche Forderung, Musik möge endlich aus dem Zeitalter ihrer Kindheit heraustreten. Spiel, das sich selber programmatisch verficht, ist so absurd wie ein Kind, das Unarten mit seiner Kindlichkeit verteidigt.

Zur Kritik der avancierten Musik meldet Doflein an, der obligate, also in allen Stimmen verbindlich auskomponierte Stil, der in ihr sich vollendet, sei nicht der einzige. Dafür zeugt die exotische Musik ebenso wie europäische Phänomene zumal am Rande der offiziellen musikalischen Tradition. Aber der Primat des obligaten Stils ist nicht wegzudisputieren. Er allein hat den von Max Weber herausgearbeiteten Rationalisierungsprozeß der Musik ganz ausgetragen vermöge der integralen Aufeinanderbezogenheit aller musikalischen Momente, wie sie am Ende, beim späteren Schönberg, offenbar wird. Man kann wohl überhaupt nicht im rationalisierten abendländischen Tonsystem, der temperierten Stimmung sich bewegen und den obligaten Stil vermeiden, der dem Kontinuum jenes Systems teleologisch innewohnt. Die älteren Modelle der Jugendmusikbewegung gehören selber dem Zusammenhang des obligaten Stils an, sei es auch erst tastend; es entbehrt nicht der Ironie, daß ihr Schutzpatron, Heinrich Schütz, ausdrücklich und programmatisch im Vorwort zur Geistlichen Chormusik von 1648 jene Vereinigung von Polyphonie und Generalbaß forderte, die erstrebt ward, bis Anton Weberns Streichquartett op. 28 Fugen- und Sonatenwesen in eins setzen wollte. Im Zug der abendländischen geschichtlichen Tendenz der Musik, eben der der fortschreitenden rationalen Beherrschung ihrer Mittel, gilt in der Tat die Konsequenzlogik des „Wer A sagt, muß auch B sagen"; wer Schütz sagt Bach. Sie ist identisch mit dem Entwicklungsgesetz, das über Bach, den Wiener Klassizismus, Wagner und Brahms hinaus zu der Wiener Schule treibt, welche die Jugendbewegung der Abseitigkeit bezichtigt. In solcher Konsequenz ist die geschichtliche Tradition gegenwärtiger als in musikhistorischen Monumenten. Zelebriert man heute das Werk Schützens selber, so bleibt es bei der bloßen Würdigung, gleichgültig, wie viele Organisationen Schützfeste arrangieren. Wieland oder Klopstock sind darum keine geringeren Dichter, weil man sie nicht mehr liest, denn jedes Wort der befreiten Sprache zollt Wieland den Dank; wollte man Wieland unter die Leute bringen, man exponierte ihn als anachronistisch und frevelte an ihm. Wer über den Geniebegriff so skeptisch denkt wie Wilhelm Ehmann, dürfte am letzten die Renaissance großer Komponisten, deren Größe keineswegs an der Dauer ihrer Werke sich mißt, mit jenem tieferen und geborgeneren Nachleben verwechseln. Spricht Richard Baum von denen, die an etwas ihre Freude hätten „wie an Bach oder Schütz"[18], so zeugt die Verkopplung nicht allein von mangelnder kompositorischer Urteilskraft, sondern auch von mangelnder Distanz zum Vergangenen. Antiquarisches ist nicht unmittelbar der Einfühlung offen, archaische Mittel sind nicht beliebig verfügbar. Ich erinnere mich an ein Gespräch, das ich als ganz junger Mensch, vor mehr als dreißig Jahren, mit dem damals ebenfalls noch sehr jungen Eduard Erdmann über die Lage des Komponisten führte. Er schloß aus dessen Emanzipation, daß ihm heute, im Gegensatz zu früher, als Materialien alle Möglichkeiten und Stile zu Gebote stünden. Damals bereits schreckte ich vor einer These zurück, die mit der Souveränität des Komponisten über sein

---

[18] Hausmusik, 1955, 4/5, S. 122.

Material mir den Synkretismus zu empfehlen und jene immanente Verbindlichkeit des Komponierens innermusikalisch anzutasten schien, die gesellschaftlich, also gleichsam von außen her, von der Jugendbewegung ersehnt wird. Der Ordnung, die sie proklamiert, ist die Willkür des bloß Proklamierten eingebrannt.

Mit der immanenten Stimmigkeit des Werkes wird die Singbewegung rasch fertig, indem sie sie mit dem Geniekultus des spätromantischen neunzehnten Jahrhunderts zusammenwirft. Das Geschwätz über die Persönlichkeit, die Gier, Kunstwerke als biographische Dokumente über den Autor sich anzueignen, hat sicherlich zur Entfremdung der Hörer von der Musik — zum Verlust des Verständnisses — ein übriges beigetragen. Wer Music Appreciation in Amerika kennt, wird Ehmanns Polemik gegen den Geniebegriff beipflichten. Aber dadurch wird nicht die Frage der Qualität, des Ranges der Sache selbst, der Komposition entschieden. Die Größe von Musik ist gewiß nicht unvermittelt menschlicher Größe, was immer darunter gedacht wird, gleichzusetzen. Vernachlässigt man aber deshalb qualitative Differenzen als solche des bloßen Talents der Urheber, so wird die Entzauberung des Genies zum Vorwand, das sachlich Mittelmäßige in der Kunst zu dulden, mit deren Begriff es schlechthin unvereinbar ist: was bloß das Gesamtniveau seiner Zeit repräsentiert, ist in solcher Repräsentanz bereits schlecht, gleichgültig, ob es sich um eine Suite des siebzehnten Jahrhunderts, um offizielle Musikfestmusik von heutzutage oder um Blockflötentrios handelt. In der Musik gibt es Museumsschinken wie in der Malerei; weil sie aber nicht einfach dahängen, sondern in Noten verzeichnet stehen, die erst entziffert werden müssen, ist ihre Inferiorität nicht ebenso offenbar wie in der bildenden Kunst, und der Betrieb der Erweckung kann ihrer sich bemächtigen, ohne daß, zumindest in Deutschland, Unbefangene aufständen, die den Schinken einen Schinken nennen. Der Respekt vor historischen Gütern umnebelt eine Urteilsfähigkeit, die von jedem Kompositionslehrer, der sein Handwerk versteht, erzogen werden könnte. Auch Ehmann scheint, gegenüber dem Geniebegriff, technische Kriterien in ihr Recht einsetzen zu wollen. Er spricht von der Wiederherstellung des Handwerks, ja einer neuen „Bauhüttengesinnung“ — ohne

Rücksicht darauf, daß ja auch die Architektur heute, trotz Corbusier, nicht gerade im Bau von Kathedralen exzelliert. Stets besticht, gegenüber der romantischen Erlebnisduselei, der Appell ans Handwerk, obwohl man der großen Musik des neunzehnten und beginnenden zwanzigsten Jahrhunderts handwerklichen Verfall kaum nachsagen kann — der beginnt erst heute bei vielen jüngeren Komponisten sich abzuzeichnen — und obwohl wahrscheinlich jeder bessere Komponist der Wagnernachfolge dank des einmal erreichten Standards der Materialbeherrschung mehr konnte als Schein, Biber und Telemann. Problematisch aber ist bei näherem Zusehen der Begriff von Handwerk selbst, den die Singbewegung verwendet. Sie will gar nicht so sehr die strenge, in sich konsistente Konstruktion des Gebildes als eine Art Verhandwerkerung des Kompositionsverfahrens, welche das Komponieren disponibel macht, unabhängig gleichsam vom kompositorischen Subjekt: zu einer Art von Alltagszustand. Ehmann zitiert einen Ausspruch Hindemiths, der gleichsam den Standpunkt des Orchestermusikers zu dem des Komponisten machte: Musik solle „nach Maß gearbeitet" sein[19]. Komponieren soll leichter werden; „die handwerklichen Praktiken geben dem Musiker die Möglichkeit, seine *eigene Kraft zu schonen*"[20]. Ein Vorrat mehr oder minder probater Wendungen und Prozeduren soll es dem Komponisten ersparen, sich auf den „Einfall" oder auch auf sein subjektives kompositorisches Vermögen insgesamt zu verlassen. Nirgends vielleicht läßt das Fragwürdige der Jugendmusik präziser sich bezeichnen. Objektivierung von Musik und musikalischer Kultur wird nicht von erhöhter Anspannung erhofft, sondern von deren Nachlassen, der ausdrücklich akzeptierten Schablone, schließlich also der Ichschwäche. Was den Komponisten seit Mozart und zumal seit Wagner am siebzehnten und achtzehnten Jahrhundert unerträglich wurde, die Heteronomie, das Klappern des Geschirrs, das Wagner selbst bei Mozart zuweilen mitgehört haben wollte, soll freiwillig wieder eingeführt werden. Man wähnt sich über dem Fortschritt und verfällt dem bloßen Rückschritt,

---

[19] Wilhelm Ehmann, Erbe und Auftrag musikalischer Erneuerung, Kassel 1950, S. 106.

[20] Ehmann, l. c., S. 114; im Original gesperrt.

indem man all jene Reaktionsformen in sich ausrottet, denen große Musik ihr Dasein überhaupt verdankt. Selbstverständlich wäre eine solche Art handwerklicher Routine mit einem strengen Begriff von Handwerk unvereinbar. Sie hilft um die kompositorischen Schwierigkeiten herum, will deren konkrete Lösung durch schematische überflüssig machen. Dabei trägt die Glätte des Ablaufs einzig über das Brüchige des Gefüges hinweg wie in so vielen älteren Stücken. Der prestigegeladene Begriff des Handwerks, der freilich selber bereits durch die Transposition einstmals sicheren, paraten Könnens auf die gegenwärtigen, je einmaligen, nicht antizipierbaren Probleme ins Archaistische schillert, wird mißbraucht zum Dispens von dem, was einzig Handwerk wäre: gut Komponieren. Hätte die Kategorie der Ursprünglichkeit, die bei der Jugendmusik so hoch im Kurs steht, einen diskutabeln Sinn, so wäre es allenfalls der, daß der Komponist heute sich der letzten ihm und dem Komponierten äußerlichen Konventionen entledigt, um sein Gebilde strikt und ohne Rücksicht auszuformen. Die Advokaten der Ursprünglichkeit aber möchten ihm das als Eigenbrötelei und womöglich mangelnde fachmännische Zuständigkeit abgewöhnen und durch den Gestus dessen, der in seiner Werkstatt sitzt und für alles rauhen aber herzlichen Rat weiß, die Sache selbst ersetzen, die Verpflichtung zur immanenten Logik.

Jene Konzentration auf die je eigene Sache, in welcher der Begriff von Handwerk musikalisch heute einzig noch seinen Ort hätte, wird von Ehmann zusammengebracht mit dem durch Pfitzner in der Tat schwer kompromittierten Begriff des Einfalls[21]. Auch hier wird ein Richtiges zum Vorwand für den Versuch, das Subjekt aus eben jener Musik auszumerzen, die sich im gleichen Atem rühmt, sie sei nur um des Menschen willen da. Der musikalische Einfall ist im übrigen keine psychologische Kategorie, nichts, was seinem Sinn nach notwendig auf die sogenannte Intuition des Komponisten zu beziehen wäre. Wer einigermaßen Beethovens Skizzenbücher kennt, weiß, daß oft gerade solche thematischen Charaktere, die das Gepräge des zwingenden Einfalls tragen, in angestrengter Arbeit gewonnen

---

[21] Vgl. Über den Fetischcharakter in der Musik und die Regression des Hörens, S. 17 f.

wurden; der einleitende Takt mit der aufsteigenden Terz vor dem Thema des Adagios der Hammerklaviersonate, der dies Thema wie aus einem dämmernden Abgrund heraufholt, soll erst hinzugefügt worden sein nach Vollendung des Satzes. Vielmehr ist Einfall eine objektive Kategorie, Inbegriff jener Momente innerhalb der Komposition, in denen unverwechselbar ein nicht Vorgegebenes getroffen, der Umkreis der je etablierten musikalischen Sprache überschritten, zugleich ein selbst gleichsam Idiomatisches, Sprachähnliches in der Musik geprägt wird. Sehr genau läßt sich an musikalischen Charakteren an sich, ohne Rücksicht auf den Modus ihrer Hervorbringung, unterscheiden, was jenem Begriff des Einfalls als des evident Getroffenen genügt und was nicht; solange man freilich nicht bei dem Phänomen Einfall verweilt, ist es leicht, es als Ladenhüter romantischer Ästhetik abzufertigen. Jenes objektive Moment am Einfall, der Augenblick der Freiheit, ist aber kaum wohl zu trennen von einem subjektiven: der Suspension bloßer machender Verfügung. „Wer ohne den Wahnsinn der Musen und Toren der Dichtkunst sich naht, in der Einbildung, seine Fertigkeit werde ja hinreichen, ihn zum Dichter zu machen, der bleibt ein Stümper und seine verstandesmäßige Kunst wird völlig verdunkelt von der des in Wahnsinn Verzückten." Das ist nicht von Hoffmann, Tieck oder Wackenroder, auch nicht von Wagner oder Pfitzner, sondern von Platon[22], der sich schließlich auf dem Parnaß nicht schlechter wird ausgekannt haben als die Organisatoren des Musischen. Herausgesprengt aus der kompositorischen Logik eines Ganzen hat gewiß der Kultus des Einfalls zu flachen, grob zusammengehauenen Kompositionstypen vom Schlage Tschaikowskys, Dvořaks, Puccinis geführt; im kommerziellen Schlager ist die von der Komposition losgelöste Einfallskategorie zu sich selbst gekommen. Aber als Name eingängiger Melodien ist sie viel zu eng gefaßt: was einem Komponisten einfällt, brauchen nicht bloß einzelne mehr oder minder drastische Motive und Phrasen zu sein; es können ihm ebensogut Akkorde, Kontrapunkte, Farben, instrumentale Satzideen, vor allem aber ganze Entwicklungen und Formen einfallen. Bei Musik höchsten Ranges wie Bach und Beethoven überwog der letztere Typus von

---

[22] Phaidros, St. 245.

Einfall, ohne daß damit übrigens die Würde des melodisch Einzelnen etwa bei Schubert, Bruckner oder auch Schönberg geschmälert wäre. All das aber wird unterschiedslos vom Verdikt ereilt und soll ersetzt werden durch jene mittelalterlich stilisierte Routine, welche dem Subjekt das Entscheidende, das unauflösliche Element des Spontanen und Unwillkürlichen, entzieht. Wer erfahren hat, daß Komponieren sich nicht erschöpft in der willigen Durchführung gestellter Aufgaben, braucht darum gewiß nicht der Phrase von der Inspiration zu verfallen, nicht das Unwillkürliche, vom Schema Unerfaßte des Subjekts zu theologisieren. Nur dort aber, wo, in welcher musikalischen Dimension auch immer, dies spontane Moment ins Komponieren eingeht, wo die Komposition die Regung in sich empfängt und zugleich durch ihre Totalität überwindet, wird wahrhaft Objektivation gestiftet. Ohne solches Kräftespiel wäre sie bloßer Leerlauf. Man fragt sich schließlich, wozu eine Musik, deren Ideal das Sein für anderes ist, überhaupt noch da sein soll, wenn sie alles verbannt, worin sie irgend mit Menschen zusammenhängt und Menschen erreicht. Ehmann denkt die Impulse seiner Bewegung verdienstlich zu Ende: er führt sie ad absurdum. Musik, die so rigoros verführe wie seine Theorie, erreichte schließlich einen Objektivismus, der sich so sehr den umworbenen Anhängern entfremden müßte wie die punktuelle Musik dem Konzertpublikum. Das widerlegt zugleich den Dofleinschen Pluralismus: die Extreme, die er konstatiert, gingen ineinander über, wenn sie wirklich extrem wären.

## 6

So heiß freilich wird von der Praxis der Singbewegung nichts gegessen, wie die Theorie es kocht. Da sie immerhin eine ganze Kompositionsliteratur vorzuweisen hat, spielt und propagiert, wird sie sich wohl gefallen lassen müssen, daß man dieser handwerklich nachfragt. Die Unterschiede der Kompositionen sind vorab solche des Niveaus: von Komponisten, die souverän über die Mittel verfügen wie Hindemith, den die Bewegung beschlagnahmt, obwohl von seinem œuvre doch wohl nur recht wenig ihr zuzurechnen ist und er neuerdings die Laien zur Besinnung verhielt, über die Arbeiten erfahrener Experten wie Pepping und Distler geht es hinab bis zu trostlosen Spielmusiken und jenen ungezählten Chören, in denen die edle Frau Musica ihr Selbstlob anstimmt. Gegenüber diesen Differenzen überwiegt indessen das Gemeinsame, zunächst der Eindruck einer gewissen grauen Trübseligkeit und dumpfen Geducktheit. Technisch ist dafür verantwortlich jene besondere Tonalität, die bei hörbarer Abneigung gegen die Chromatik und bei vorwaltender Diatonik ständig, zumal im Kontrapunkt, mit einigermaßen willkürlichen harmoniefremden Bildungen und Ausweichungen operiert. Aus den neuen Akkorden werden nicht die konstruktiven Konsequenzen gezogen, sondern sie sind wie Schmutzflecken hineingekleckst. Die Tonalität wiederum ist so überwuchert von Akzidenzien, daß ihr eigener Fortbestand zufällig dünkt. Immer wieder finden die mehr oder minder aneinander sich reibenden Stimmen unvermutet zu Konsonanzen, mit Vorliebe zu leeren Quinten, Oktaven und Einklängen sich zusammen; die Angst vorm üppigen Chroma scheint bereits auf die allzu volle Terz übergegriffen zu haben, während Quart und Quint, auch in organumhaften Parallelen, überwiegen. Die Terzenscheu angesichts der versprengten Dissonanz hier und des hohlen Leerklangs dort ist wohl technisch wesentlich schuld am tristen Ton; so wenig das frei klingt, so wenig klingt es doch, eben vermöge all der Akzidenzien, gebunden: die Bindung verrät unmittelbar am Phänomen sich als Pose. Flügellahm verbietet diese Musik sich selbst, wonach es sie drängt, sie wahrhaft spricht mit Leverkühn: es soll nicht sein. Statt dessen wird unablässig archaisiert. Historische Modelle von höchst bestimmtem geschichtlichen und musikalischen Stellenwert, die dem eigenen Sinn nach auf ein spezifisches Material bezogen sind, zumal solche der Kirchenmusik, wie die Choralvariation, werden handfest nachgeahmt und durch jene Akzidenzien modern aufgeputzt, welche den kultischen Anspruch der Modelle desavouieren. Ein jeglicher altmeistlicher Kontrapunkt der neuliturgischen Musik könnte ebensogut anders laufen. Vor der Generalbaßperiode — und keineswegs bloß im rigorosen Palestrinastil — erforderten die Dissonanzen genaue Vorbereitung und Auflösung; jetzt werden sie rücksichtslos behandelt, ohne daß die Jugendkomponisten sich darum bekümmerten, daß solche Beliebigkeit der Details mit dem normativen Wesen der erkorenen Sprache und ihrer Formen sich nicht verträgt. Die alten Formtypen werden von ihrem

Material, dem rein tonalen oder modalen, losgerissen, als verdankten sie nicht jene Suggestivkraft des Geschlossenen, die man zu beschwören hofft, eben den Tonsystemen, auf denen sie basieren, und die freilich heute selbst in den Ohren der Jugendkomponisten erschüttert sind. Die Polyphonie, mit deren Prätention viele der Werke auftreten, wird als Stilmittel von außen herangeholt; was an Bach zu lernen wäre: daß die Form aus dem dichten Zug der Stimmen resultiert, tritt nicht ins Bewußtsein. Oft wird die Entfaltung der Stimmen durch Orgelpunkte abgebrochen, ohne daß aus dem Verlauf der Stücke selber, etwa dem harmonischen Plan, die Orgelpunkte zwingend folgten. Weiter schwächt den Kontrapunkt die Vorliebe für parallele Stimmführungen, die nicht nur hinter Bach, sondern hinter die entfaltete hochmittelalterliche Musik zurückfällt und sich allenfalls auf die primitive Faux bourdon-Praxis der früheren Niederländer berufen mag: dem handwerklichen Habitus entspricht durchweg die Tendenz, sich handwerklich nicht zu kontrollieren, nicht strikt auszuhören. Analysierte man die Kontrapunkte im Ernst, so stieße man auf Stimmen, die sich ungegliedert, monoton, oft ohne aus einer engen Region herauszufinden, dahinschleppen, bloß hinzugesetzt, nicht intregale Momente des Ganzen. Die Dialektik von Kontrapunkt und Form wird nicht ausgetragen, sondern die schwerfälligen und stumpfen Stimmen in das Leerschema der Form hineingepaßt. Daß es einen Schwung der Form gibt, durch den Musik überhaupt erst zusammenschießt, wird nicht realisiert; alles ist abschnittsweise gegliedert, ohne daß zwischen den Abschnitten andere Beziehungen als die alleräußerlichsten herrschten. Erschreckend die rhythmische Monotonie. Während man neuerdings Bartók und Strawinsky aufs Panier geschrieben hat, sind deren rhythmische Funde, die sich in der Kunstmusik längst abgenutzt haben, noch nicht einmal rezipiert. An Stelle des inneren Atems der Form wird vielfach der Zusammenhang immer noch mit durchlaufenden Bewegungen, etwa von Achteln, gekleistert; verzichtet wird auf all die feineren Gliederungen, das Phrasieren der Komposition, jene Artikulation bis hinab ins kleinste, die sinnvolles Auskomponieren eigentlich definiert. Nicht nur das Material, auch die Kompositionsmittel sind verkümmert. Läßt die Abneigung gegen die Chromatik keine

Technik des Übergangs, der Verjüngung zu, so fehlt es ebenso auch an Kontrasten; jedes Stück hält stur an den einmal gesetzten Charakteren fest, und wo, wie in den vielen Variationsstücken, die Charaktere wechseln müssen, behält selbst dieser Wechsel etwas eigentümlich Mattes, Sekundäres. Die unselige und verbrauchte Praxis des „Einthematischen" aus dem Neoklassizismus wirkt immer noch nach. Außer den Formmodellen werden auch motivische floskelhafter Art aus dem siebzehnten Jahrhundert, oder noch frühere, übernommen. Grundgestalten, die den Komponisten seit dem Ende des achtzehnten Jahrhunderts unerträglich geworden waren und nur noch in den Schulfugen und Choralbearbeitungen der Konservatorien ihr kümmerliches Dasein fristeten, werden aufgewärmt; gerade das Starre und Mechanische daran, das die Emanzipation der Musik überwunden hatte, wird mit der Gebärde des Justament genossen. Der Einwand, solche Beobachtungen bezögen sich bloß auf die kleinen Nebenmeister, nicht auf die großen, verfängt nicht; sie wären in der ganzen Breite der Produktion zu verifizieren. Im übrigen müßte eine Schule, die fast unverhohlen jene Kantoren vorzieht, die da den Humus gesunder Musikkultur bereiten sollen, für deren Leistungen zumindest technisch geradestehen. Aber der technische Sachverhalt macht die geistige Insuffizienz des Ansatzes konkret: des Anspruchs von Subjektivität, unmittelbar, gleichsam unabhängig von der prüfenden Kraft des eigenen Ohrs, durch stilistische Veranstaltung der objektiv verpflichtenden Gestalt von Musik habhaft zu werden.
Die Simplizität der Faktur, die ständig vom Unvermögen zeugt, sei intendiert. Aber die bloße Absicht rechtfertigt nicht die brüchigen Resultate: sie machen vielmehr die Intention verdächtig. Das technisch Einfache ist nicht eins mit dem Unmittelbaren und Substantiellen. Wohl gibt es verfremdende Vereinfachung, wie in Schönbergs op. 11, von der polemische, antithetische Kraft ausgeht, aber davon sind die Schlichtheiten der Bewegung weltfern. Musik entfaltet sich in fortschreitender Differenzierung; wer davon sich eigenmächtig lossagt, erhebt damit sich nicht zum gut Allgemeinen. Verbürgte etwa eine bestimmte Art des markierten, vordergründigen Rhythmus Vitalität, so brauchte man nur die von Bartók oder Strawinsky aufgestellten rhythmischen Muster zu kopieren, um an ihr teilzuhaben. Die

Ansicht, was stampft oder rennt sei vital, und was durchbrochene und komplexe Rhythmik und Themenbildung anstrebt zerfasernd und dekadent, ist den musikalisch Erfahreneren der Bewegung nicht zuzutrauen. Insgesamt jedoch identifiziert sie viel zu blank technische Begriffe mit ihren kulturpolitischen. Wo viele Zweiunddreißigstel das Partiturbild schwärzen, wo thematische Arbeit die Motive in kleinste Teile zerlegt, schaudert sie vorm Bild des Zerfalls; als ob nicht die Ausformung im Detail die Komponisten all ihre Kraft kostete. Wer statt dessen ohne Bedenken darauflosschreibt, erhält das Prädikat Gesund. Im vorhitlerschen Berlin pflegte man in solchen Fällen „Du hasts gut, Du bist doof" zu sagen. Die Jugendmusik aber tut, als wäre, nach ihrem Lieblingswort, heil, was um die Anstrengung des Formens und der Selbstkritik sich drückt. Technische Differenzierung hat mit der „heute sehr akuten Gefahr atomarer Auflösung" [23] nicht das mindeste zu tun. Die Gleichsetzung atomisierter Seelenhaltung — des bedenklichen Gegenbegriffs zur Ganzheit — mit jener Technik der Auflösung ins motivisch Kleinste, die in Bach und Beethoven vorgebildet war, paßte den Edikten der Ostzone nur allzugut ins Konzept, ohne daß im übrigen umgekehrt Differenziertheit an Zweiunddreißigsteln und Septolen bündig sich ablesen ließe. Lebenskraft und Produktivität bewährt sich nicht darin, daß man sich gehen läßt, sondern darin, daß die kompositorischen Impulse durch ihre Reflexion hindurch festgehalten werden und an ihr sich steigern. Mit der Unerschöpflichkeit der Argumente, die jene parat haben, die lieber eine Sache durchsetzen, als sie erkennen wollen, ziehen sich die Anhänger der Jugendmusik damit aus der Affäre, daß sie schließlich — wie Siegfried Borris mir gegenüber verfuhr — über den Fortschrittsbegriff selber raisonnieren und die Idee steigender musikalischer Differenzierung als „einsträngig" von sich weisen. Nachdem Horkheimer und ich eine Dialektik der Aufklärung geschrieben haben, braucht man mich über Widersprüche und Grenzen des Fortschrittsbegriffs kaum zu belehren; aber aus der Dialektik ist nicht nach rückwärts herauszuspringen. Wie schwer es auch die avancierte Musik mit sich haben mag, durch ihre bloße Existenz wird alles, was heute noch die Erfahrung der

[23] Hausmusik, 4/5, S. 123 f.

Atonalität und der ihr gemäßen Verfahrungsweisen ignoriert, zur ausgelaugten Fiktion. Daß Gruppen von Menschen bei künstlerischen Bewegungen nicht mitkommen, ist nichts Neues, und niemand dürfte ihnen das pharisäisch vorwerfen; vorbehalten aber blieb es der Jugendmusik, solche Zurückgebliebenheit pharisäisch zum Höheren zurechtzustutzen und eine Gefolgschaft damit zu locken, daß sie dem wahren Geist der Zeit um so näher wäre, je ferner sie ihm ist.

Der Ausdruck musikpädagogische Musik, den man angestrengt nicht verstehen wollte, und der, den Sprechern der Bewegung zufolge, ein allzu Enges und womöglich Überholtes bezeichnet, zielt auf nichts anderes, als daß aus den ästhetischen Beschränktheiten, die meist der Rücksicht auf pädagogische Verwendbarkeit entstammen, eine Tugend gemacht wird. Die These von Georg Götsch, „Mangel wird Gewinn", ist wahrer, als er selber weiß. Sie klagt seine eigene Sache ihrer Unwahrheit an: daß sie Ausfallserscheinungen als Überwindung der Individualität präsentiert. Hemmungslos jedoch loben die Panegyriker der Bewegung sich selbst: „Von einem neuen Gemeinschaftsethos erfüllt, strebten wir danach, Formen der Musikpflege zu verwirklichen, die am Leben ausgerichtet waren und ihm dienen." [24] Aber eine Kunst, die einzig Gesinnung, nicht Integrität der eigenen Gestalt bewährt, kann auch gesellschaftlich für nichts Wahres einstehen.

Zur Verwechslung von Zweck und Sache wird die Jugendmusik angespornt durch die gesellschaftliche Situation der Musikpädagogik. Nur ein Bruchteil ihrer Zöglinge wird, heute wie ehemals, Berufsmusiker. Die Voraussetzungen eines hochentwickelten Amateurtums jedoch schwinden objektiv und subjektiv; weder existiert mehr eine sichere Mittelschicht mit freier Zeit, die sich der Musik unbeengt widmen könnte — die verspottete höhere Tochter, die das Gouvernanten-Scherzo von Chopin meistert, ward längst zum Bild der Sehnsucht, etwa wie Daguerreotypien verglichen mit den Visagen von Filmstars —, noch bringen meist die jungen Menschen von sich aus die Konzentrationsfähigkeit, innere Freiheit und Unabhängigkeit zu

---

[24] Bruno Grusnick, Hugo Distler und wir, in: Hausmusik, 16. Jahrgang, 1952, S. 153.

hochqualifiziertem Kammermusizieren auf, wie sie etwa unter Wiener Ärzten im späteren neunzehnten und früheren zwanzigsten Jahrhundert häufig gewesen sein muß. Jeder weiß, wie sehr die Massenmedien musikalischer Reproduktion die Funktionen des häuslichen Klavier- oder Kammermusikspielens aufgesaugt haben. Damit ist der Musikpädagogik ihr Boden entzogen. Sie trachtet sich zu retten, indem sie zu Musizieren auf der Linie des geringsten Widerstands ermuntert, oder in der Schule ihr Quartier aufschlägt und dort viel Wesens von sich macht, oder eine reale Funktion im Leben reklamiert, die sie nicht besitzt. Parolen der alten Jugendbewegung wie die Wynekens von der „Jugendkultur“, die Negation des Schulspruchs Non scholae sed vitae discimus hallen nach: Musikpädagogik wird zum Selbstzweck, weil sie keinen anderen mehr hat, und plustert sich zur Weltanschauung auf. Das ist die reale, sicherlich den meisten Anhängern der Jugendmusik keineswegs bewußte Interessenlage, die ihre Doktrin motiviert, Ideologie im genauesten Sinn, notwendiges falsches Bewußtsein. Sie harmoniert gut mit verlegerischen Interessen, und die verlegerische Initiative kommt der Jugendmusik wiederum zugute. Kurzsichtig aber wäre es, wenn man sie als geistig und künstlerisch zu unerheblich betrachtete, um mit ihr genauer sich zu befassen. Die Bescheidenheit, mit der sie gegebenenfalls den Kritiker der Intoleranz gegen ein schlichtes und unbelastetes Beginnen zeiht, ist bloß eine Finte; wo sie sich selbst dokumentiert, ist von solcher Bescheidenheit wenig zu spüren. Mit Recht: denn sie beginnt Musikpädagogik, musikalische Bildung, Musikkritik und jegliche nichtprofessionelle musikalische Tätigkeit in Deutschland derart zu monopolisieren, daß abweichende Stimmen schon kaum mehr vernommen, höchstens als kuriose Spezialistenmeinung abgetan werden.

Offenbleibt die Frage nach der Möglichkeit musikalischer Erziehung heute; zumal, wie junge Menschen an diejenige gegenwärtige musikalische Produktion herangebracht werden können, die zählt. Kaum ist es Zufall, daß seit Debussys Klavieretüden, die im Kreis der Jugendmusik wenig bekannt sind, keine pädagogischen Gebilde mehr gerieten, die zugleich musikalisch standhielten; Bartóks Mikrokosmos ist kaum eine Ausnahme, da die guten Stücke des letzten Bandes, wie übrigens schon die Debussyetüden, die Spielfertigkeit von Schülern erheblich übersteigen. Im Gedanken an Zwölftonetüden, der Schönberg nicht fremd war, steckt etwas Absurdes: durch Gebrauchszwecke würde die neue Technik genau zu jenen mechanischen Prozeduren gedrängt, welche ihre Gegner sonst ihr ankreiden. Aber womit die Jugendmusik das Vakuum füllt, ist nicht besser. Verantwortliche Pädagogen wie Erich Doflein weisen auf die Sauberkeit und Sachgerechtigkeit musikalischer Darstellung hin, welche die Kinder dank der Bewegung wieder lernten; sie wäre verlorengegangen in einer Musikerziehung, in der der kleine Junge den Virtuosen spielen mußte wie das Kind Felix Krull beim Kurkonzert. Damit mag es seine Richtigkeit haben. Philipp Emanuel Bach, selbst Telemann wären kompositorisch wie pädagogisch den Potpourris von Singelé, den Violinkonzerten von Seitz vorzuziehen, mit denen man uns in unserer Kindheit gefüttert hat, wenn es bei der Pädagogik bliebe. Aber selbst bei solchem Zugeständnis zögert man: ich habe seinerzeit solche Konzerte gekratzt und bin doch nicht zum Verehrer der Lieder von Franz Abt und Bohm geworden. In den aufgeblasenen Solopiècen geistert ein Stück Utopie: die Gebärde des Kindes, das eine Sekunde lang zum begleitenden Tremolo des Klaviers sich wie Kreisler fühlt, hat etwas von jener musikalischen Allmachtsphantasie, in der mitschwingt, Musik selber sei das Ganze, die Freiheit, das Absolute. Eben das wird den Menschen, wie von der Gesellschaft insgesamt, so musikalisch von einer Bewegung ausgetrieben, die, indem sie sich mit der Eitelkeit des Uneitlen hinter die Generalstabsmaxime „Nicht mehr scheinen als sein" verschanzt, vergessen hat, daß der Kunst selbst das Moment des Scheins unabdingbar ist, daß sie ihr Wesen daran hat, mehr zu scheinen als sie ist: mehr als die bloße Existenz. Wird der letzte Rest von Traum aus der Musik gescheucht, so fügt sie sich vollends als Rädchen in jenen Betrieb, gegen dessen Allgegenwart man mit der Beteuerung des Musischen ohnmächtig aufbegehrt.

# ZUR MUSIKPÄDAGOGIK

I

Der Zweck musikalischer Pädagogik ist es, die Fähigkeiten der Schüler derart zu steigern, daß sie die Sprache der Musik und bedeutende Werke verstehen lernen; daß sie solche Werke so weit darstellen können, wie es fürs Verständnis notwendig ist; sie dahin zu bringen, Qualitäten und Niveaus zu unterscheiden und, kraft der Genauigkeit der sinnlichen Anschauung, das Geistige wahrzunehmen, das den Gehalt eines jeden Kunstwerks ausmacht. Nur durch diesen Prozeß, die Erfahrung der Werke hindurch, nicht durch ein sich selbst genügendes, gleichsam blindes Musizieren vermag Musikpädagogik ihre Funktion zu erfüllen. In der Kunst läßt sich kein „artifizielles" von einem wie immer gearteten anderen Moment unterscheiden: was in ihr für natürlich gilt, ist meist nur vergangen Geschichtliches, und human wird sie nicht, indem sie Menschen in Gemeinschaften eingliedert, ihren sogenannten Spieltrieb befriedigt, sie zur Mitwirkung an irgendwelchen gestellten Aufgaben veranlaßt, sondern allenfalls, indem sie an authentischen künstlerischen Gebilden der Möglichkeit dessen innewerden, was mehr ist als die bloße Existenz, die sie führen, mehr als die Ordnung der Welt, auf die sie eingeschworen sind. Anders gesagt: nur durch die Spezialisierung hindurch, nicht durch deren Verleugnung errettet Musik den Anteil an dem Menschlichen, das durch Spezialisierung zerstückt dünkt. Jeder Versuch, dem sich zu entziehen und dadurch, daß man die Musik „ins Leben stellt", sie von jener Spezialisierung zu heilen, der sie doch wiederum ihr Großes verdankt, würde die produktiven musikalischen Kräfte nicht entfesseln und sublimieren, sondern unter dem Vorwand, damit den Menschen zu dienen, hemmen und zurückstauen. Die verbreitete Musikpädagogik heute orientiert sich an einem philosophisch überaus fragwürdigen, trüb ins Theologische schillernden Begriff des „Heilen". Aber sie selber könnte geheilt werden nur, wenn sie der eigenen Grenzen und Aufgaben sich bewußt würde. Sie müßte aller massenpsychologischen Reizmittel, aller kollektiven Betriebsamkeit, allen Eifers von Gebrauch und Verwendbarkeit sich entschlagen, wenn sie nicht eben das zerstören will, was zu pflegen sie sich in allzu edlen Worten rühmt.

2

Ist Musik, gleich aller Kunst, was einmal die große Philosophie das sinnliche Scheinen der Idee nannte, dann müßte Musikpädagogik vorab die Fähigkeit der musikalischen *Imagination* fördern, die Schüler lehren, mit dem inneren Ohr Musik so konkret und genau sich vorzustellen, als erklänge sie leibhaft. Die getreue Vorstellung von Musik ist die entscheidende Bedingung dafür, daß die Spannung von Geistigem und Sinnlichem ausgetragen werde, von der Musik überhaupt lebt. Gewiß muß Erziehung mit dem realen sinnlichen Phänomen und dessen Erzeugung anheben. Wird aber das Musikmachen und Basteln aus dem Mittel zum Zweck, so führt die Pädagogik in die ihrem Ziel entgegengesetzte Richtung. Die Vorliebe für in einem neuen Sinn minderwertige, nämlich an der Befriedigung des Dranges zum bloßen Drauflosspielen orientierte Musik ist Ausdruck solcher Umkehrung der musikerzieherischen Tendenz. In dem Prozeß, auf den es ankäme, sind rhythmische und Gehörbildung nur die erste Stufe. Er darf nicht abgebrochen werden, sobald das Elementare erreicht ist, um den Schüler mit der falschen Befriedigung des „do it yourself" abzuspeisen und ihn um das zu betrügen, woran das Glück musikalischer Erfahrung — res severa verum gaudium — eigentlich haftet. Solange Musikerziehung im Bann veraltet-neumodischer volkspädagogischer Parolen das nicht einsieht, verhält sie sich, wie wenn man das Ausführen von Laubsägearbeiten mit der Entwicklung malerischen und plastischen Sinns verwechseln wollte. Daß es den Schülern dabei wohl zumute ist; daß es leichter fällt, sie durch Fideln und Blockflöten bei der Stange zu halten, sollte eher skeptisch stimmen. Davon wird nur bezeugt, daß jene Art Pädagogik vorweg kapituliert und einem infantilen Bewußtseins- und Unbewußtseinsstand sich anmißt, den es aufzuheben gilt, wenn auch sie jener Wagnerschen Forderung Rechnung tragen will, daß Musik endlich mündig werde. Richtig hat die zeitgenössische Musikpädagogik das kollektivistische Potential gewahrt, das heute allerorten in den jungen Menschen lauert und sie gegen die Musikerziehung alten, „individualistischen“ Stils stimmt. So notwendig die Erkenntnis dieses Sachverhalts, so wenig jedoch sollte die Pädagogik sich dazu hergeben, ihn zu fördern. Der Erziehungsprozeß muß den kollektiven Impuls in künstlerisches Bewußtsein verwandeln, anstatt das künstlerische Bewußtsein nach jenem dumpfen Impuls — dem Reflex der Ohnmacht des Einzelnen — zu modeln. Verderblich ist die heute in ungezählten Bereichen des Kulturbetriebs wuchernde „umgekehrte Psychoanalyse“, welche die Einsicht in unbewußte, regressive Mechanismen dazu mißbraucht, diese Mechanismen zu verstärken und dadurch Menschen zu „erfassen“, in die Gewalt zu bekommen, während der Bann jener Mechanismen zu brechen wäre. Der Satz des Theologen Theodor Haecker: „Der Weg des Heils kann nicht sein die Zusammenschweißung einer Masse, sondern eher ihre Zertrümmerung“ [1], nämlich die Emanzipation der Einzelnen, aus denen die verwaltete Welt ihre Massen präpariert, gilt auch profan und für die Musikpädagogik. Ihr Ideal wäre das adäquate, aber stumme Lesen von Musik, so wie das Lesen der Sprache selbstverständlich ist. Dabei wird vorab an die Fähigkeit des Partiturlesens zu denken sein. Sie geht dem kindlichen Geist keineswegs so durchaus ab, wie die Weisheit der Erwachsenen es sich vorstellt, der die Kinder bekanntlich nie kindlich genug sein können. Der Musiker, der als Kind über eine Instrumentationslehre, ein Buch mit Erklärungen der Schlüssel, des Transponierens, mit einfachen Anweisungen zum Partiturlesen und Ähnlichem geraten ist, weiß, welche bunte Lockung von alldem ausgeht, und ihr hätte Musikpädagogik eher nachzugehen als dem Ringelreihen aus dem Kindergarten. Ob einer Musiker wird oder nicht, entscheidet sich später; in den frühen Phasen, in denen die Menschen noch nicht Funktionen des Betriebs geworden sind, ist ganz gewiß der Unterschied zwischen dem, wie man so sagt, bloß Musikalischen und dem zukünftigen Musiker äußerst fließend; zu schweigen davon, daß selbst der Begriff der Musikalität psychologischen Bedingungen unterliegt, die es nicht erlauben, ihn als unveränderliche Naturgegebenheit hinzunehmen. Das Kind als Musiker zu behandeln, ja, nach üblicher Rede, es zu überfordern, läßt ihm und seiner Möglichkeit mehr an Gerechtigkeit wider-

[1] Theodor Haecker, Tag- und Nachtbücher, München 1949, S. 185.

fahren, als es in der eigenen Kindheit absichtsvoll zu befestigen. Wohl ist der Dilettant nicht länger mehr pädagogisches Ideal wie zur Zeit der höheren Tochter, aber auch nicht der, welcher die Ohren zustopft vor dem, was er nicht mit Mund und Händen bewältigen kann. So wenig die Musikerziehung in ihrer Breite so tun darf, als ob sie Virtuosen züchtete, so sehr sollte sie ihren Stolz darein setzen, die ihr Anvertrauten zu lehren, Musik ebensogut, und wahrscheinlich besser, zu verstehen als die Repräsentanten des offiziellen Musiklebens, auch die Virtuosen, denen der Betrieb jenes Verständnis vielfach ausgetrieben hat. Voraussetzung für eine musikalische Erziehung solchen Wesens wäre freilich, daß die Lehrer selbst musikalische Sublimierung an sich erfahren haben. Daß sie nicht darauf verfallen, scheint anzuzeigen, daß auch sie weithin infantil hören. Vom ersten Schritt an wäre das Musizieren durch Leseübungen, Abspielen, vierhändig Spielen so zu leiten, daß das manuelle und klangliche Funktionieren von dem Kind als Mittel begriffen wird, die innerlich gehörte Sache sich aufzuschließen, nicht als weltanschaulich überbautes Verdienst. Welche zentrale Rolle dabei der Phantasie zufällt, der Fähigkeit also, das Selbstgespielte und Vernommene sogleich als Träger eines Geistigen wahrzunehmen und, wie immer auch fehlgreifend, vorzutragen, ist offenbar. Gerade diese Fähigkeit wird als eitle subjektive Willkür vorweg verdächtig gemacht, während ihr erst das Objekt zufiele. Die Phantasiefeindschaft des gegenwärtigen Musikunterrichts und das gesellschaftlich in den Menschen produzierte Absterben der Phantasie jedoch sind eines Sinnes.

3

In der musikpädagogischen Ideologie vieler ist das *Klavier* als bürgerliches und romantisches Instrument, sei's auch unausdrücklich, in Verruf geraten. Herein spielen Erinnerungen der Jugendbewegung, die aus der guten Stube, in der Vertiko und Pianino standen, in die Wälder ziehen wollte. Diese verjährten Erinnerungen werden wohl einzig darum am Leben erhalten, weil Klaviere stets noch einigermaßen teuer sind. Die Schicht, die ökonomisch den alten Klavierbesitzern entsprechen mag, kauft sich lieber die Musiktruhe, die nicht nur, wie man so sagt, von der eigenen musikalischen Anstrengung entbindet, sondern vor allem auch von jenen lästigen Bildungsverpflichtungen, die mit dem Klavier assoziiert werden. Wer sich aber nicht mechanisch beliefern lassen will und ein Klavier sich nicht leisten kann, kauft den Kindern eine Fidel oder eine Blockflöte, wofern sie nicht schon bereits aus der Schule das Bedürfnis danach mitbringen, und zieht daraus obendrein das Gefühl kultureller Lauterkeit, eine Art handgewebter Superiorität, das vage Bewußtsein, man diene der Erneuerung. Daß aber einmal auf dem Klavier das Gebet einer Jungfrau geklimpert ward, das vielleicht gar nicht soviel schlechter war als viele Blockflötenkanons, ändert nichts an dem schlichten Tatbestand, daß das Klavier, selbst bei bescheidenen Spielfähigkeiten, umrißhaft die Darstellung der *ganzen* Musik, mit Harmonie und Polyphonie, gestattet, während die auf Blockflöte und Fidel Beschränkten von vornherein mit ihrem Part haushalten und von einem Ganzen sich erfassen lassen sollen, das sie als solches weder hervorbringen noch kontrollieren können. Als Medium der Vermittlung zwischen der Vorstellung des musikalisch Ganzen und seiner sinnlichen, wenigstens andeutenden Vergegenwärtigung ist das Klavier heute so unentbehrlich wie je. Musikpädagogik hätte die Allergie gegen das Instrument Bachs, Mozarts und Beethovens zu überdenken, zu überwinden und, als allermindestes, den Klavierunterricht der Ausbildung in einem Ensemble-Instrument hinzuzufügen. Vielleicht werden die Kinder selbst, sobald sie einmal merken, wieviel das Klavier ihnen sich zu vergegenwärtigen erlaubt, was ihnen anders fremd bleibt, des Gedudels müde und buchstabieren sich lieber Beethovensonaten zusammen. Die Voraussetzung dafür wäre freilich eine drastische Verbilligung der Klaviere. Da aber bei grundsätzlicher Veränderung der musikpädagogischen Tendenz recht wohl mit Massenproduktion zu rechnen wäre, ist nicht einzusehen, warum es zu einer solchen Verbilligung nicht kommen sollte. Den Vorwurf des Reaktionären hätte die Wendung zum Klavier angesichts des archaistischen Charakters der heute pädagogisch beliebten Instrumente nicht zu fürchten.

4

Die musikalische wie alle Pädagogik hat Doppelcharakter: während sie ausgehen muß von Bewußtseinsstand und psychologischer

Verfassung der Schüler, muß sie zugleich trachten, jene auf ihr objektives Ziel hinzubewegen. Ihr Problem ist das der *Vermittlung;* sie darf weder bei der Anpassung an die vorgefundene Verfassung, das So-nun-einmal-Sein der Schüler sich bescheiden, noch darf sie ihnen einen Zweck vor Augen stellen, der starr, abstrakt diesem Stand inkommensurabel wäre. Die spezifische Schwierigkeit der Musikpädagogik heute scheint es, daß diese Vermittlung nicht mehr geraten will; zumindest, daß sie nicht mehr selbstverständlich ist. Das Ziel der Musikerziehung ist nicht mehr „substantiell", nicht mehr unproblematisch in jeglicher musikalischen Tätigkeit gegenwärtig, so wie noch bis ins zwanzigste Jahrhundert hinein Kinder aus dem mittleren und oberen Bürgertum Geige oder Klavier lernten, weil die Fähigkeit, Mozart- und Beethovensonaten zu spielen, innerhalb einer wie sehr auch bereits fragwürdigen Bildungswelt honoriert wurde. So wenig die Werke der traditionellen Musik mehr den Konsumenten lebendig gegenwärtig, so sehr sie zu bloßen Kulturgütern versteinert sind, so wenig hat der pädagogische Blick auf sie mehr Autorität. Der Musikerzieher muß sich fragen, wozu eigentlich er erzieht, und gerät damit in die Situation des Tausendfüßlers, der nicht mehr gehen kann, sobald er darüber nachdenkt, welchen seiner tausend Füße er bewegen soll. Ein Bruch wird offenbar. Auf der einen Seite sucht man nach dem, was in dem abscheulichen Jargon der Eigentlichkeit von heutzutage, der Maische aus ungeglaubter Theologie und menschlich drapierter Verwaltung, Leitbild heißt: wie wenn nicht, sobald man Leitbilder statuiert, eben das schon verloren wäre, was man von ihnen erwartet, die Verbindlichkeit. Anstatt, daß der Lehrer dem Schüler hilft, indem beide, in ihrem dunklen Drange, des rechten Weges sich bewußt werden, dunkel und bewußt in eins, werden abgeleitete und ohnmächtige kulturphilosophische Raisonnements angestellt. Sie geben sich als der angeblich beschränkten künstlerischen Ausbildung überlegen aus und beanspruchen, in Religion, Gesellschaft, Menschentum hineinzureichen, während sie Begriffe aus jenen Sphären nur als Surrogat dafür bereden, daß sie in der Sache selbst nicht mehr gegenwärtig sind. Abstrakte Bildungsideale aus sechster Hand, wie das des homo ludens, der ganzheitlichen Entwicklung, der Wiedererlangung von Bindungen werden von außen herangebracht. Was pädagogisch geschieht, mißt man daran, weil man in der Tätigkeit selber der Kriterien nicht mehr mächtig ist. Daß diese allgemeinen Sorgen an die musikalische Sache nicht heranreichen, überantwortet die eigentliche musikpädagogische Tätigkeit der Sinnverlassenheit. Sie droht, sich im bloßen Tun zu erschöpfen, in einer sich selbst genügenden eifrigen Praxis, schließlich dem leeren ut aliquid fieri videatur. Unterästhetische, werkelnde Spielmusik und hochtönende, überästhetische Phraseologie passen in ihrer Unverbundenheit genau zusammen. Die Schüler, Träger musikalischer Subjektivität, sind von der Objektivität musikalischer Wahrheit, dem Gehalt der Werke, unversöhnlich getrennt, und darüber wird beides falsch, das Subjekt zum Angestellten musischer Betriebsamkeit, die Objektivität zum Ersatz, zu starr behaupteten Ewigkeitswerten, die gerade in ihrem Anspruch auf Zeitlosigkeit dem Historismus hoffnungslos verfallen sind.

5

Entgegnet wird darauf mit dem Gestus des „Du hast gut reden“, dem Vorwurf, die Erkenntnis solcher Widersprüche sei ein Luxus, den nur der sich leisten könne, der mit der erzieherischen *Praxis* nicht befaßt ist, sondern negativistisch beiseite tritt. Aber es hilft nicht, die Augen zuzumachen, weil der wache Blick das Weitermachen gefährden könne, wo es ums Recht des Weitermachens selber geht. Wenn der Denkende keine gebrauchsfertigen Rezepte anzubieten hat und keine sektenhaften Formeln, so braucht daran nicht sein destruktives Gemüt schuld zu sein, sondern es kann an Bedingungen des gesamten Zustands liegen, über die weder er noch musikalische Tätigkeit überhaupt Macht hat. Selbst der Illusionslose jedoch muß dem herrschenden Zustand nicht sich fügen. Aus diesem Dilemma von Bastelei und Leitbilderei führte heraus, wenn es gelänge, die gesuchte Vermittlung in der Sache selbst zu finden, und darauf müßte die Anstrengung aller Musikpädagogik sich konzentrieren. Sie liegt aber in den Werken, die beides sind, Manifestationen eines Geistigen und als Notentexte Anweisungen auf ein Tun. Danach wäre die Idee der wahren Musikpädagogik zu formulieren: jene in diese zu übersetzen. Der Weg dazu, der einzige, ist die immanente musikalische Erkenntnis: daß man jedes Werk so zu begreifen lernt, wie das Ganze seiner klanglichen Erscheinung sich als ein geistiger Zusammenhang konstituiert. Es ist der Weg der *Analyse,* in dem Sinn, daß der Schüler von Anbeginn dazu angehalten wird, was immer in der Musik begegnet, die er spielt, aus seiner Funktion fürs Gebilde, seinem konstruktiven Stellenwert heraus zu verstehen. Solche Analyse darf nicht den Charakter außermusikalischer Reflexion annehmen, sondern wäre in rein musikalischen Begriffen zu führen: von jedem Ton, jeder Pause, jedem Motiv, jeder Phrase läßt sich angeben, wozu sie da sind, und umgekehrt jede ganze Form aus dem dynamischen Zusammenspiel ihrer Elemente bestimmen. Wohl wird eine solche Art der Analyse dem Verständnisgrad der Schüler gerecht werden müssen, aber mit ihr wäre unvergleichlich viel früher zu beginnen als in einem pädagogischen Betrieb, der eine von den Werken getrennte „Theorie" für sich und so allgemein behandelt, daß die Beziehung zwischen den übermittelten, angeblich theoretischen Begriffen und der konkreten Komposition überhaupt nicht durchsichtig wird. Wahrscheinlich möchte ein jedes Kind, das zu musizieren anfängt, die Sprache der Musik so verstehen, wie Siegfried die Sprache der Vögel versteht, und darin wird es enttäuscht. Das ist wohl der innerste Grund des musikpädagogischen Unheils, und zu korrigieren wäre es einzig, indem die Lehrer selbst jene Sprache anders, mit unvergleichlich viel größerer Anspannung lernten. Das höhere Maß an Anspannung aber wird schon im frühesten Stadium belohnt, in jedem Augenblick, wo einem die Ohren aufgehen, anstatt daß das Drauflosspielen und Parieren davon abhält, so wie das Marschieren das Glück der gehenden Betrachtung zerstampft. Die nächste Stufe, die freilich didaktisch von der ersten keineswegs scharf sich scheiden ließe, wäre dann, zu lehren, eben das, worüber einem an der Musik die Ohren aufgegangen sind, in die Erscheinung zurückzuübersetzen. Die sogenannte Technik, die gewiß auch selbständig gepflegt werden muß, wenn sie dazu taugen soll, ist doch dieser Norm strikt und in allem Bewußtsein unterzuordnen.

## 6

Ein solches musikpädagogisches Ideal setzt freilich die verantwortlichste Auswahl der *Werke* voraus. Einmal müssen sie so geartet sein, daß ihr Sinnzusammenhang Kindern und sehr jungen Menschen offen ist und daß die Realisierung wenigstens im Bereich des ihnen Absehbaren erscheint. Immerhin ist bei Kindern, denen man die Sehnsucht nach dem Unbetretenen und über ihren abgesteckten Erfahrungskreis Hinausreichenden nicht von Anbeginn ausgetrieben hat, die Möglichkeit des Verständnisses sehr viel größer, als die Lehrer Wort haben wollen, denen es selber ausgetrieben wurde. Sehr deutlich kann ich mich daran erinnern, wie ich als Klavierschüler von zwölf Jahren für mich die Waldsteinsonate entdeckte und, während ich den Pianissimo-Anfang abscheulich paukte, durch den dilettantischen Unfug hindurch, den ich mir zurechtlegte, einen Weg in die Höhlentiefe des Werkes fand, dessen Gehalt mir vom Wort Waldstein benannt dünkte. Rasch genug habe ich dann auch, nach ein paar Hinweisen eines mir befreundeten Vetters, verstanden, daß ein Werk solcher Gewalt nicht zur höheren Ehre eines dröhnenden Fortissimo bedürfe. Ich bin aber zutiefst davon überzeugt, daß es bei solchen Erfahrungen sich nicht ums Privileg von Begabung handelt, sondern um den privaten Glücksfall, einer psychologischen Verstümmelung zu entgehen, wie sie mir im Bereich der Malerei nicht erspart blieb; und Glücksfälle dieser Art brauchten nicht privat zu bleiben. Das Geschrei über das zu schwer ist selber nur die Reaktionsbildung auf Tabus und Verbote; gerade die Möglichkeit zum Differenzieren, zum Wahrnehmen des qualitativ Verschiedenen, ist den Kindern als mimetisches Erbe eigen und wird ihnen erst von den Erwachsenen abgewöhnt, die sie zur Raison bringen. So wenig gewiß verständige Pädagogik bei jenem Differenzierungsvermögen allein sich bescheiden kann, das, wenn es sich nicht an musikalischer „Rationalität" mißt, ins Amorphe zurückfällt, so wenig kann es doch ihre Aufgabe sein, musikalische Disziplin zu verabsolutieren und damit das Differenzierungsvermögen zu nivellieren; allzuviel hat die Herrschaft des Taktstocks mit der des Rohrstocks gemein. Damit aber die Spannung von Differenziertheit und Maß überhaupt fruchtbar ausgetragen werde, ist die oberste Forderung die, daß die ausgewählten Werke wirklich ein geistiger Sinnzusammenhang, ein in sich Artikuliertes, Organisiertes, Differenziertes sind und nicht von sich aus jenem Niveau geistverlassener Tätigkeit sich gleichschalten, über das sich zu erheben die einzige Rechtfertigung musikalischer Pädagogik wäre. Die Frage nach der künstlerischen Qualität des Gespielten ist nicht, zugunsten irgendwelcher Vorstellungen von einem als solchem höchst ungewissen Spieltrieb, geringzuschätzen; sie ist keine des bloßen Geschmacks. Kein Schüler der Musik wird leicht zu mehr gebildet werden als zu dem, was in den Werken sich findet, mit denen er sich beschäftigt, und der puristische Stumpfsinn, die Phantasielosigkeit dessen, womit man ihn heute füttert, ist dem Kitsch von ehedem nicht überlegen. Man hat sich taub gestellt und mir unterschoben, ich wolle die Blockflötenliteratur durch Seitz und Singelé ersetzen, als ob man die Ironie hätte überhören können, mit der ich die Namen jener Kinderschrecken aufführte, um noch an ihnen, der äußersten künstlerischen Erniedrigung, auf eine Spur dessen zu verweisen, was die unheilige Nüchternheit der versierten Musikpädagogik unterschlägt. Wer heute Musikpädagogisches schreibt, hätte vor allem anderen an den Satz aus Theodor Storms schönem Nachwort zu Pole Poppenspäler sich zu halten: „Wenn du für die Jugend schreiben willst, so darfst du nicht für die Jugend schreiben."

## 7

Der Versuch, die musikalische Erziehung in eine *musische,* also andere künstlerische Materialbereiche und vor allem den sogenannten ganzen Menschen einbeziehende Erziehung zu verwandeln, hat handfeste materielle Ursachen, nämlich das Bestreben, die durch die gesellschaftliche Strukturveränderung bedrohten kunstpädagogischen Berufe durch Kartellisierung und eine wirksame Ideologie zu stützen. Jedoch fehlt es nicht an einem Kern von Erfahrung: der der zunehmenden Kunstfremdheit jener quantitativ unermeßlich angewachsenen Bevölkerungsteile, die heute mit Kulturellem in Berührung kommen, und der anthropologischen Veränderungen, die man unter dem Namen eines Verlustes der Ganzheit der fortschreitenden Arbeitsteilung zuzuschreiben pflegt, obwohl angesichts der Entqualifizierung der einzelnen Arbeitsfunktionen, die sich einander anähneln, wahrscheinlich die Tendenz zur Arbeitsteilung bereits sich überschlagen hat. Die in Rede stehenden Phänomene sind seit Jahrzehnten von der Soziologie beschrieben und analysiert worden, und wie sehr auch die Theoreme darüber divergieren mögen, jedenfalls ist kaum ein Zweifel daran, daß die Entfremdung von der Kunst vom Sozialprozeß herrührt und nicht von irgendwelchen Veränderungen, die sich mit den Menschen an sich, ihrer Seinsverwurzelung, ihrer seelischen Mitte und wie die geweihten Schlagworte sonst heißen mögen, zugetragen haben. Das aber hat seine Konsequenz für den Gesamtkomplex der sogenannten musischen Erziehung. Wenn die gesellschaftliche Verfassung, die technologischen und gesellschaftlichen Bedingungen der Reproduktion des Lebens, die Bildung dessen verwehren, was in idealistischen Zeiten allseitig entwickelte Persönlichkeit hieß, weil diese Persönlichkeit funktionslos ward und nicht sich formen kann, wo kein gesellschaftliches Bedürfnis sie erheischt, so dient der Idee des Humanen nicht der, welcher sie romantisch beschwört, und gewiß nicht der, welcher das Musische durch eine Verbindung aller möglicher kunstähnlichen Betätigungen wiederzubeleben hofft, deren jede, in solcher extensiven Verbindung, unzulänglich bleiben muß. Wer zur musikalischen Vorbildung, wie es mit Dalcroze anfing, rhythmische Gymnastik hinzufügt und womöglich aufgewärmte Mysterienspiele, wird inmitten der spätindustriellen Gesellschaft nicht die Kalokagathie erwecken, sondern intolerante, enge und von der künstlerischen Erfahrung abgespaltene Versonnenheit. Kunst nimmt man wahr in der kleinsten Zelle des Gebildes, an seiner Konkretion, durch Versenkung ins Einmalige. Man hat die Not, auf welche das Programm des Musischen reagiert, auch im Bereich des akademischen Studiums kennengelernt, die Verzweiflung über das Spezialistentum, und hat ihr durch die Institution eines studium generale abzuhelfen getrachtet. Diese Bestrebungen sind gescheitert, und die Kunsterziehung sollte davon lernen, anstatt mit gebanntem Blick auf die Schimäre des ganzen Menschen zu starren. Was geistig heute irgend zählt, ward von Spezialisten hervorgebracht; jeder andere wäre dem Betrieb einer universalen Nützlichkeit gegenüber hilflos, in der alles nur noch ein Sein für anderes, nichts um seiner selbst willen da ist. Der Klavierschüler aber, dem einmal die integrale Gestalt eines Beethovensatzes so aufblitzt, daß er ihn wie im Einstand in einem Augenblick sich vorzustellen vermag, weiß mehr von der Kunst als jedes Produkt ganzheitlicher Erziehung, die dadurch schon an der Kunst frevelt, daß sie sie als sozialpsychologischen Lückenbüßer mißbraucht. Der allgemeine, zumal moralische Bildungswert von Musik, wie ihn eine auf die Antike zurückgehende Tradition dogmatisch unterstellt, ist heute überaus ungewiß. Max Frisch hat darauf hingewiesen, daß unter den furchtbarsten Exponenten des nationalsozialistischen Grauens einige, wie Heydrich, Frank und Keitel, offenbar ernsthaft musikalisch waren, ohne daß ihre ästhetische Kultur sie in ihrem blutigen Handwerk behindert hätte. Die Desintegration heute bedroht längst eine Einheit der Person, die man vormals jenseits allen Zweifels wähnte, und die Neutralisierung der Kunst zum Kulturgut, das man konsumiert, ohne daß man das über den ästhetischen Gehalt hinaus Verpflichtende des ästhetischen Gehalts wahrnähme, stimmt dazu. Wenn von der Musik noch ein menschlich Helfendes zu erwarten ist, dann gewiß nicht nach dem Modell von Arbeitspädagogik, -therapie und vorkünstlerischer Eingliederung in Gemeinschaften — kurz nicht von den psychologisch regressiven Elementen der Musik — sondern nur davon, daß dem musikalisch Unterrichteten, zunächst ohne Rücksicht auf ihn selbst und seine Bedürfnisse und Nöte, etwas von dem aufgeht, was große Musik an sich ist und verspricht. Wenn dann diese Erfahrung weit genug getrieben wird, mag sie auch ihn selber affizieren, so wie, nach Rilkes Gedicht, der archaische Torso Apollos dem Betrachter bedeutet: „Du mußt dein Leben ändern", ohne daß der Betrachter dazu etwa Plastilinmodelle des Torsos herzustellen hätte, eine Tätigkeit, die, indem sie die Distanz herabsetzt, viel eher jene Änderung des Lebens hintertreibt. Jede Berufung aufs Ethos der Musik, die es nicht in ihrer eigenen Gestalt, sondern in ihrer Funktion aufsucht, arbeitet jenem Ethos entgegen und trägt das ihre bei zum Schuldzusammenhang der universalen Fungibilität, der man doch gerade das Ethos der Musik entgegenhält.

8

Will man das Steuer von Musikerziehung heute herumwerfen, so muß man sich Rechenschaft darüber geben, warum junge Menschen und Kinder auf die Möglichkeit des Singens, auf Instrumente wie die *Blockflöte* oder gar die *Ziehharmonika* so sehr ansprechen. Was die letzteren anlangt, so sind sie einfacher zu erlernen, stellen geringere Ansprüche an Konzentration.

Imaginationsfähigkeit und Übungszeit. Sie propagieren heißt, das Bildungsideal auf dem geistigen Stand des noch nicht Gebildeten fixieren und damit wiederum auflösen. Man kann sich gut vorstellen, daß heute Violin- oder Klavierschüler neidischen Blicks nach den Kameraden mit der Blockflöte oder der Ziehharmonika schielen. Ihnen wäre an Beispielen zu demonstrieren, was mit den primitiven Instrumenten sich nicht darstellen läßt, und wozu es der Geige, des Klaviers, des Cellos bedarf. So gewiß Schüler zum Bequemen neigen und es vielfach verlangen, so gewiß verlangen sie zugleich auch das Gegenteil. Sie haben Sehnsucht nach der Anspannung ihrer Kraft, von der sie vordergründig sich dispensieren möchten. Auch darin sind sie keine „Ganzheiten", sondern drücken den Konflikt zwischen dem Ichideal und dem bloßen Sichtreibenlassen aus. Er wäre von wahrer Pädagogik zu aktivieren und ins Bewußtsein zu erheben, anstatt daß sie, aus Angst, ihre Kunden zu verlieren, deren momentanem Wunsch sich beugt und damit die Schüler um genau das bringt, was sie ihnen eigentlich zu übermitteln hätte. Gerade der Fanatismus, mit dem die Adepten von Blockflöte und Harmonika an ihre Werkzeuge sich klammern, ist reaktiv, Ausdruck von Trotz, der vom Ich bereits angekurbelte Wille, das höher Entwickelte, das ihnen offen wäre und von dessen Existenz sie unbewußt recht wohl wissen, sich abzuschneiden: „Ich will ja gar kein Mensch sein." In der Neigung zumal zur Harmonika, in der das unmenschlich Mechanische mit dem trist Sentimentalen vermengt ist, steckt neben dem Wunsch, in eine lockend dunkle Sphäre aus der bürgerlichen auszubrechen, auch der nach geistiger Selbsterniedrigung. Zum Klavier verhält sich die Harmonika wie die Lager jeglichen Typus zur Wohnung. Die Gegebenheit einer solchen Situation ist nicht als Norm hinzunehmen. Absurd, mit dem Gestus des souveränen weiten Blicks von den „Spannungen" zu perorieren, die heutzutage zwischen der sogenannten Volks- und der Kunstmusik herrschen sollen. Mit gleichem Recht könnte man auch von Spannungen zwischen Goethe und den „Wahren Geschichten" reden; aber die Unbegrifflichkeit der Musik verleitet besonders dazu, die beziehungslose Divergenz zwischen dem Geist und der drohenden Barbarei mit hochtönenden Theoremen zuzudecken.

## 9

Weit schwieriger ist es um das *Singen* bestellt. Zusammengewachsen mit der Idee von Musik selber, ist der Gesang jeglicher Vergeistigung und Differenzierung fähig. Aber die gegenwärtige Singfreudigkeit rührt, abgesehen von bündisch drapierter Vereinsmeierei vor allem wohl daher, daß beim Singen zwischen musikalischer Vorstellung und Realisierung kein Drittes, kein dinghaftes Mittel dazwischengeschaltet scheint. Singen verspricht, als unmittelbare Tätigkeit, als spontanes Verhalten, den Menschen etwas von jenem Subjektsein zurückzugeben, das die Apparatur des Lebens ihnen entzog; darin ist der Drang zu singen heute vermutlich dem Sport verwandt. Während eine Pädagogik töricht wäre und doktrinär, die an solchem Drang vorbeisehen wollte, bleibt es doch ihre Aufgabe, auch ihn zu sublimieren. Anstelle vorgeistiger Aktivität, der bloßen Wiederherstellung sonst unterdrückter Körperfunktionen, müßte sie das Bedürfnis zu singen stufenweise und vorsichtig zur adäquaten Darstellung von Musik durch die Stimme geleiten. So treu das Singen die Erinnerungsspur alter Unmittelbarkeit bewahrt, so wenig ist es doch dieser gleichzusetzen. Der Unterschied zwischen dem Drauflossingen und der ausgebildeten Stimme, der jedem Kind sich demonstrieren läßt, belehrt darüber. Längst ist die Stimme selbst, an der entfalteten Kunstmusik, zum Mittel geworden wie nur die Instrumente; nicht umsonst redet man vom „Organ“ der Sänger, mit dem griechischen Wort, das lateinisch Instrument heißt. Worin die Stimme trotz allem vom Instrument sich unterscheidet, ist ein unendlich Zartes. Man wird ihm gerechter, wenn man die Stimme zum Instrument entwickelt, das sich den musikalischen Texten anschmiegt, als wenn man sie ungeformt, ohne Sorge um ihre künstlerische Objektivation losläßt: dabei geht jenes Zarte verloren und weicht einem Moment des Geschmacklosen, Rohen, vielfach Aggressiven. Allerdings ist es mit „Stimmbildung“, der unseligen Trennung der Gesangstechnik von der Musik, so wenig getan wie mit „offenem Singen“. Die alte Gesangspädagogik ist nicht minder fragwürdig als das Gemeinschaftssingen heute: auch die Verfügung über die Stimme als Organ ist zu wecken bloß an der Darstellung bedeutender Vokalwerke. Man muß nur einmal

Sänger beobachtet haben, wenn man ihnen zeigt, wie man ein Lied mit der Stimme modulieren, die darin enthaltenen thematischen Gestalten durch die vokale Klangfarbe voneinander abheben, in Beziehung zueinander bringen, kurz die Struktur der Musik in Stimme übersetzen kann, um zu wissen, was eine Pädagogik vermöchte, die von der Musik selber und von dem in ihr vorgezeichneten Reichtum der musikalischen Reproduktion etwas wüßte. Ihr würde es gewiß auch an Schülern nicht mangeln. Allgemein ist die Frage der Musikpädagogik heute eher eine der Pädagogen als eine derer, die ihnen überantwortet sind und auf die jene vielfach bloß als auf ein Alibi sich berufen. Daß die Jugendmusikbewegung den Horizont der Chormusik erweitert hat, ist ihr fraglos zugute zu halten. Doch blieb jene Erweiterung um der Rücksicht auf die Einfachheit des Darzustellenden willen zu eng. Gerade im sechzehnten und siebzehnten Jahrhundert wäre, bei den großen Madrigalisten, Vokalmusik einer Differenziertheit zu finden, welche von den nachfolgenden deutschen Komponisten weithin noch verweigert wird. Die späteren Madrigalhefte von Monteverdi, die Madrigale zumal von Luca Marenzio und die refraktären von Gesualdo da Venosa seien genannt; insgesamt dürfte die sorgfältige Pflege der Madrigalliteratur ein musikalisch überaus heilsames Gegengewicht gegen das Vorwalten geistlicher Chormusik abgeben.

## 10

Gleich fragwürdig ist das Bestreben, Musikschüler mit *altertümlichem* Material zu versehen, gewissermaßen in ihrer musikalischen Ontogenese den phylogenetischen Prozeß nachzuholen, und der Eifer, sie sogleich, unvermittelt auf das *Zeitgenössische* loszulassen. Auch das Bewußtsein der Kinder ist nicht zeitlos invariant. Sehr früh dürften sie fähig sein, zwischen dem historisch Beschworenen und dem der unmittelbaren Erfahrung Zugänglichen zu unterscheiden, wofern man die Bereitschaft zu solcher Unterscheidung nicht durch autoritären Historismus unterdrückt. Ich erinnere mich aus meiner frühen Kindheit — es muß zwischen meinem sechsten und siebenten Jahr gewesen sein — daß ich die Violintranskription eines lyrischen Stücks von Grieg, ich glaube des Titels Arietta, spielte. Das Stück schließt auf dem schlechten Taktteil. Genau weiß ich noch, wie ich mich, die Reaktion erwachsener Konzertbesucher auf die Schlüsse moderner Stücke vorwegnehmend, daran stieß, ein Unbefriedigendes empfand, gleichzeitig aber auch den Reiz des offenen, nicht endenden, sondern ins Vage verklingenden Stückchens wahrnahm; und wie rasch die Freude daran, als ich sie einmal gefunden hatte, das anfängliche Unbehagen überwog. Diese Erfahrung, gleichgültig, wie es um die künstlerische Qualität der Arietta bestellt ist, betraf mich in einer ganz anderen Schicht als Menuette und Gavotten, die ich zur gleichen Zeit geigte, und an denen ich ein Vergnügen hatte wie an mittelalterlichen Mauerresten im Ferienort; das Verhältnis zur Vorvergangenheit wird den Kindern heute wahrscheinlich gerade dadurch vergiftet, daß man sie jene gar nicht mehr als vergangen spüren läßt. Das Griegsche Liedchen aber bereitete mich besser auf die neue Musik vor, räumte mehr an Hemmung, falscher Erwartung, Tabu weg, machte es mir zehn Jahre später viel leichter, als wenn man mir damals etwas von Schönberg vorgesetzt hätte. Es wäre unsinnig, ihn als Lehrmittel zu benutzen — so unsinnig wie wenn man dafür die Hammerklaviersonate bemühen wollte. Der Charakter des Einmaligen und Unwiederholbaren eines jeglichen musikalischen Ereignisses in der voll artikulierten modernen Musiksprache disqualifiziert sie durchweg pädagogisch. Pädagogik ist von Übung nicht zu trennen, und im Prinzip der Übung wohnt zentral das der Wiederholung. Man wird an pädagogischen Stücken zeitgenössischer Komponisten von Rang wie Bartók und Hindemith das Gefühl des Gewaltsamen, der veranstalteten Rückbildung der musikalischen Sprache nicht stets los. Der neuen Mittel sich zu bedienen und die Produkte zugleich technisch und geistig im Umkreis des Verständnisses der Schüler zu halten, verfälscht den immanenten Sinn der verwandten Mittel. Geeigneter sind bedeutende, aber manuell nicht zu schwierige Werke der traditionellen Musik von Bach bis zum Ende der Tonalität, die dem Bewußtsein der Schüler ja heute noch als eine Art zweiter Natur gilt. Bei der Auswahl solcher Stücke wird man gerade auf jene Charakteristiken zu achten haben, die unter der gegenwärtigen Gesamtverfassung zu verkümmern drohen: Fülle vermittelter sowohl wie kontrastierender Gestalten, reiche Dynamik, Differenziertheit der Charaktere und des Klanges, kurz all das, was der älteren Musik, den einen Bach ausgenommen, mangelt. Man darf den jüngsten Regressionstendenzen nicht dadurch entgegenkommen, daß man die musikalische Bildung an Stücken vollzieht, die vorweg eben das nicht enthalten, wozu eigentlich zu bilden wäre. Gar nichts schadet es im Unterricht, „zu schwierige" Stücke zu behandeln, wofern es dem Lehrer gelingt, sie zur Erfahrung zu bringen; wenn die Finger es nicht schaffen, so ist das gleichgültig, wofern die reproduzierende Phantasie es geschafft hat, und dazu freilich kann helfen, wovon immer nur phrasenhaft geredet wird, daß man nämlich von der Anschauung des ganzen Kunstwerks — etwa eines Beethovensatzes — ausgeht und von dort aus die Details entwickelt, nicht aber das pädagogische Opfer von Takt zu Takt stümpern und immer wieder an der gleichen Stelle scheitern läßt. Anstatt die Litanei von der Ganzheit herzubeten, wäre das Einfachste der Gestalttheorie zu beherzigen: daß kein Ganzes Summe seiner Teile ist, daß man es auch darum nicht aus Teilen, aus dem Primitivsten, „aufbauen" kann, sondern daß ein Wechselspiel herrscht zwischen den Elementen und der Totalität, daß beide sich auseinander erzeugen und nur in ihrer Verschränkung zu begreifen sind. Die wichtigste Voraussetzung dafür scheint freilich das Hören bedeutender und hochartikulierter Musik zu Hause, in früher Kindheit, als Objekt unbewußter, gar nicht stets voll „verstehender" Wahrnehmung. Das Kind, das abends in seinem Schlafzimmer verbotenerweise eine halbe Stunde der Kammermusik zuhört, welche die Erwachsenen im Wohnzimmer machen, wird in dieser dem Schlaf gestohlenen Zeit tiefer in die geheimen Zellen der Musik eindringen, als wenn es jahrelang zur Aktivität in Spielkreisen organisiert ist. Wenn man heute damit rechnen muß, daß die Eltern selber nicht mehr auf menschenwürdigem Niveau musizieren können; wenn sie aber Sinn für Musik haben, ihn beim Kind fühlen und fördern wollen, so steht die Schallplatte ihnen bei. In Langspielaufnahmen liegt bereits ein ausgebreitetes Material hochartikulierter Musik vor. Purer Aberglaube, das aufmerksame Hören eines Beethoven-Quartettsatzes sei „passiver" als die Exekution einer kargen Suite des siebzehnten Jahrhunderts: oft wiederholtes Hören mit ein paar erklärend geflüsterten Worten bei wichtigen Wendestellen und Entwicklungen wird der Phantasie mehr helfen als der sture Dienst an einer Sache, an der es wenig zu begreifen gibt. Das Glück wahrhafter Kammermusik wäre für die zu kollektiven Übungen angehaltenen Kinder überhaupt erst wieder neu zu entdecken. Musikalische Bildung solcher Art führt fast selbstverständlich zur avancierten Musik, die ja von der traditionellen wesentlich dadurch sich unterscheidet, daß, was auch in dieser unter der Oberfläche sich zutrug, zur manifesten Erscheinung wird. Andererseits ist nicht zu verkennen, daß im Tempo der Entwicklung Mißverhältnisse sich herausgebildet haben; daß das vorgegebene musikalische Bewußtsein viel weiter vom Stand der avancierten Produktion entfernt ist als noch vor fünfzig Jahren. Dem wäre zu begegnen durch neu zu schreibende musikalische Lehrstücke. Sie hätten sich der Anbiederung an die Avantgarde ebenso zu enthalten wie aller Archaismen. Sie wären zu entwerfen unter dem Gesichtspunkt des strukturellen Reichtums, der Mannigfaltigkeit in der Einheit, des Auskomponiertseins bis in die letzte Note hinein. Sie sollten sich im Raum einer höchst stufenreichen, bis zur äußersten Möglichkeit entfalteten Tonalität bewegen, wie etwa der reifste Schönberg gelegentlich sie handhabte. Verfügte man über solche Lehrstücke, und eignete eine verantwortungsvolle Pädagogik sie der Imagination der Schüler zu, so wäre der Übergang zur aktuellen Produktion zumindest für das Verständnis nur ein kleiner Schritt. Unabdingbar aber scheint die Forderung, daß wahre musikalische Pädagogik terminiere im Verständnis dessen, was in der Kunstmusik ihrer Epoche verbindlich sich zuträgt.

## TRADITION

Der Hegelsche Satz, die Eule der Minerva beginne am Abend ihren Flug, bewährt in der Geschichte des Geistes sich daran, daß der Gedanke sich auf Begriffe zu konzentrieren pflegt, wenn sie, wie man so sagt, problematisch geworden sind; wenn ihnen nicht mehr angemessen ist, was sie bezeichnen, und wenn sie zum Verschwinden verurteilt scheinen. Die Besinnung, die ihrer dann sich bemächtigt, sucht sie mit halbem Herzen und doppeltem Eifer zu erretten. Die Spekulationen über die Zeit, die heute blühen, spiegeln zurück, daß Erfahrung als zeitliche Kontinuität, im Gefolge der automatisierten Arbeitsprozesse den Menschen zunehmend verlorengeht; tröstend, auch täuschend werden diese an die Zeit erinnert, die sie vergessen haben. Tradition aber ist gegenwärtige Zeit. Darum mögen Überlegungen über deren Begriff in einem spezifischen Material, dem der Musik, angebracht sein, an dem ihre Krise sich greifen läßt, obwohl diese so wenig wie irgendeine andere der Epoche auf eine Sondersphäre sich beschränkt. Wurde seit Menschengedenken, sobald eine neue musikalische Formsprache hochkam, über Traditionsverlust gezetert, so ist es heute damit kein Spaß mehr. Die Entwicklungskurve zeigt einen Knick, qualitativ anders als frühere geschichtliche Knotenstellen wie die Einführung des Generalbasses, die technologische Romantik von Berlioz, der Wagnerische Entwurf eines Kunstwerks der Zukunft. Nicht bloß das Material der Musik ändert sich, sondern wahrhaft ihre Sprache; Kategorien, die fast nun vierhundert Jahre, von Monteverdi bis Schönberg, unangefochten waren, wie die des musikalischen Sinnes als eines vom Zusammenhang Gestifteten, sind in sich erschüttert. Man braucht kein großer Prophet zu sein, um vorauszusehen, daß die bis jetzt erst desultorische Denunziation der qualitativ neuen Musik als traditionslos sich zu einem konzentrischen Angriff steigern wird, sobald einmal die Ungezählten, die hinter den jüngsten Entwicklungen notwendig zurückbleiben, einsehen, was sich zuträgt. Die neue Musik selbst, die in ihren integersten und begabtesten lebenden Repräsentanten charakterisiert ist durch das Gefühl der Verpflichtung, zum Äußersten zu gehen, hat das nachdrücklichste Interesse daran. Wollte sie, wie noch die vorige, revolutionäre Komponistengeneration, sich verteidigen durch ungebrochene Berufung auf eine Tradition, die sie einzig als gebrochene ererbte, so schämte sie sich ihres eigenen Geistes. Die Bestätigung, alles sei gar nicht so schlimm, verginge sich gegen das, was sie verteidigen will. Kein Zufall, daß die Neuerungen eigentlich moderner Komponisten wie Boulez und Stockhausen, gesättigt mit europäischer Tradition, zumindest in Nervenpunkten sich berühren mit amerikanischen, die von vornherein zum Traditionszusammenhang querstehen und ihm schwerlich mehr sich konfrontieren lassen, wie die von John Cage.

Wie radikal Musik und Tradition, weit über Harmonik, Melodiebildung, Form und Klang, alle im üblichen Sinne historische Kategorien hinaus, sich entzweiten, mag an einem Modell gezeigt werden: dem Verhältnis des Gehörs zur Komposition, des aufnehmenden, schließlich aber auch des kompositorischen. Bis zu einer Schwelle, die freilich schwer zu datieren ist, hat man Musik als Mitvollzug, von Ton zu Ton, von Motiv zu Motiv, von Stimme zu Stimme, von Harmonie zu Harmonie gehört. Eben das hieß musikalisch sein; die Schumannsche Definition eines musikalischen Menschen als eines solchen, der, wenn er ein Stück auf dem Klavier abspielt und nicht umblättern kann, doch ungefähr so improvisiert, wie es weitergeht, beschreibt nicht schlecht jene Verhaltensweise des Ohrs. Sie verlief in den Kanälen einer vorgegebenen Musiksprache, eines begrenzten und festen Vokabulars. Je rigoroser die melodischen und harmonischen Spielmarken ausgeschieden wurden, desto schwerer ließ auf jene Weise sich antizipieren, was folgt. Schon bei der nun mehr als fünfzig Jahre alten „Erwartung" von Schönberg war es kaum mehr möglich. Aber auch dort, ebenso wie bei Berg und Webern, galt noch die Norm des Mithörens von Ereignis zu Ereignis als Auffassung einer Notwendigkeit, einer unmittelbar einsichtigen musikalischen Logik. Schönbergs Formel vom Triebleben der Klänge; die Forderung, dorthin zu komponieren, wohin das Einzelne will, spielt darauf an. Dem entsprach ebenso der Produktionsprozeß, die genaue und kritisch abtastende Imagination der Musik, die man schrieb, wie das Verständnis des Hörers, der solcher Notwendigkeit in jedem Augenblick spontan sich zu versichern hatte. Oft freilich gewann ein dinghaft Objektives, etwa die Gesetzmäßigkeit polyphoner Kombinatorik, vor jener adäquaten Vorstellung den Vorrang. Dann hatte das Gehör eher den Beziehungen der Stimmen sich anzupassen, als daß es sie von sich aus hervorgebracht hätte: die überlieferte Art des Mithörens von musikalischem Sinn wurde unterhöhlt. Schließlich erfolgte, wenn nicht alles trügt, ein qualitativer Umschlag. Zwar erweist er für den Rückblickenden sich als längst vorbereitet. Neu aber ist, daß nun überhaupt nicht mehr geduldet wird, mit den früheren Hörgewohnheiten, auch den in der Schönberg-Schule geschärften, dem musikalisch Geschehenden gerecht zu werden. Man kann nicht mehr so mithören wie bisher, nicht mehr in unmittelbarer Evidenz die Folge und den Zusammenklang von Tönen als mehr oder minder strikt notwendig erfahren. Ja, man kann sich, auch als Komponist, nicht bloß als Partitur Lesender, kaum mehr alles zu Hörende ganz genau vorstellen. Metier, handwerkliche Verfügung wird statt dessen mehr und mehr zu einer Kontrolle des Unvorstellbaren, zur Kenntnis und Bestimmung von Grenzen und Gesetzmäßigkeiten, innerhalb deren musikalische Ereignisse deutlich und artikuliert sich darstellen müssen, ohne daß der Imagination diese Ereignisse selbst ganz präsent wären. Wissen muß man: das wird klingen, wird seine Funktion erfüllen, wird Gleichgewicht oder Kontrast oder was immer bilden, auch wenn jenes „Das" dem inneren Ohr zunächst gar nicht eindeutig ist. Verständnis solcher Musik ist nicht mehr ein Mitlaufen im zeitlichen Gang simultan mit harmonischer Tiefenperspektive, sondern eher raffend, ohne daß die unmittelbare Wahrnehmung mit der Logik der Sache gesättigt wäre. Unter den Aspekten des geplanten Zufalls in der neuen Musik ist dieser kaum der geringfügigste. Man läßt die musikalischen Felder auf sich wirken, überblickt sie, sieht sie auch zusammen, aber es entfällt die Ausschließlichkeit des Hörideals aller Musik der neueren Zeit, das Komponieren im Hören. Damit wird nicht weniger überflügelt als der Begriff des Musikalischen selbst, so sehr auch dessen Qualitäten Bedingungen für jene Veränderungen bleiben. Die Anähnelung von Malerei und Musik unterm Namen von Struktur heute ist kein bloßes Stilphänomen, erschöpft sich auch nicht in Analogien wie der zwischen den Farbflecken des Tachismus und den nach Zufallsgesetzen organisierten Tontrauben, sondern entspringt in jener Verhaltensweise. Sie ist unter traditionellen Begriffen nicht mehr zu subsumieren und fordert damit Besinnung über musikalische Tradition und ihren Stand unabweisbar heraus.

Ihr Begriff bezieht sich auf das geschichtliche Erbe in der Komplexion von Musik. Aber das Verhältnis zu diesem Erbe unterliegt selber der Geschichte. Wie gesellschaftlich, nach dem Aufweis von Max Weber und seiner Schule, die bürgerliche Phase wesentlich charakterisiert wird durch Rationalität, die feudale aber durch eine am naturwüchsigen Verhältnis der Generationen gebildete Tradition, so verhält es sich auch musikalisch: Musik insgesamt kann nicht getrennt werden vom jeweiligen Stand der gesellschaftlichen Produktivkräfte. Dagegen hilft nicht die bloße Behauptung der Unabhängigkeit der Musik als eines rein Geistigen von der realen Gesellschaft, wie wenn es um beliebig beziehbare ästhetisch-weltanschauliche Standpunkte ginge. Vielmehr ist der Kernbegriff, der die neuere Musikgeschichte in Bewegung brachte, der von Rationalität, unmittelbar eins mit dem der gesellschaftlichen Beherrschung außer- und innermenschlicher Natur. Darum reproduziert die scheinbar geschlossene Geschichte der Musik in sich selber Strukturen und Gesetzmäßigkeiten der gesellschaftlichen Bewegung. Wer in Beethoven nicht die bürgerliche Emanzipation und die Anstrengung zur Synthesis des individuierten Zustands vernimmt[1]; nicht in Mendelssohn die entsagende Reprivatisierung des zuvor siegreichen allgemeinen bürgerlichen Subjekts; nicht in Wagner die Gewalt des Imperialismus und das Katastrophengefühl einer Klasse, die nichts anderes mehr vor sich sieht als das endliche Verhängnis der Expansion — wer all das nicht spürt, verkennt nicht nur als hartgesottener Spezialist die Wirklichkeit, in die große Musik verflochten ist und auf die sie reagiert, sondern auch ihre eigene Implikation; macht sich taub gegen ihren Sinn und bringt sie auf jenes Spiel tönend bewegter Formen herunter, als welches eine Ästhetik sie beschlagnahmte, der es be-

[1] Vgl. Theodor W. Adorno, Einleitung in die Musiksoziologie, Frankfurt 1962, S. 215 ff.

reits vor ihrem eigenen Wahrheitsgehalt bangte. Vermittelt aber ist die Musik zur Gesellschaft durch die technischen Prozesse, in denen fortschreitende Rationalität konkret wird. Stets wieder empfängt die Kunst von gesellschaftlichen Produktivkräften ihre Impulse, die nicht geradewegs ihre eigenen sind und doch mit diesen konvergieren.

Jene Rationalität, mit der und zu der die neue Musik sich entfaltet hat, ist an sich schon der Tradition entgegengesetzt. Man mag das an der Notation erkennen. Die Neumenschrift als eine nachahmende, gestisch-mimetische war Erinnerungsstütze für Tradiertes. Sie genügte nur dort, wo die Musiken durch unmittelbare Überlieferung vertraut waren. Wohl schon die Guidonische Reform, sicherlich das Mensuralsystem, machte dem ein Ende, indem anstelle einer Art musikalischer Bilderschrift das rationale Zeichen, die Signifikation sich setzte. Damit wurde die Musik tendenziell so sehr zurechtgeschnitten und fixiert, daß allmählich die Freiheit in der Auslegung der Notentexte zusammenschrumpfte, die der Ort aller Tradition ist. Bei der neuen Musik wurde durch äußerste Genauigkeit der Bezeichnung jene Freiheit virtuell kassiert: gegenüber einem Text, der genau angibt, wie er dargestellt werden soll, verliert die Berufung auf Tradition ihr Recht. Und was für die Ausführung gilt, gilt für die Sache selbst, das Komponierte. Neue Musik mit dem Kriterium ihrer unmittelbaren Traditionsverbundenheit konfrontieren, heißt das Gesetz verkennen, dem sie untersteht.

Unter solchen Bedingungen ist musikalische Tradition weithin zur Ideologie verkommen. In der musikalischen Praxis hat Gustav Mahler das unmittelbar gewahrt: „Tradition ist Schlamperei." Sie anrufen heißt nur noch, mit Rücksicht auf die Autorität von Gewesenem fesseln, was anders ist. Mit Tradition verhält es sich ähnlich wie nach dem Diktum Voltaires mit dem Ruf der Mädchen: wird einmal darüber geredet, so ist er schon hin. Reflexion auf das Traditionale, die es aus Willen festhalten oder wiederherstellen möchte, ist selber vom Schlag jener Rationalität, welche die Tradition auflöst. Wer Tradition predigt, advoziert Irrationales aus rationaler Erwägung, Autorität aus Freiheit, Bindung aus Autonomie. Darum ist jeglicher musikalische Traditionalismus heute zu eben jener Romantik verurteilt, gegen die er wettert. Um die Mitte des zwanzigsten Jahrhunderts Kanzonen, Toccaten und Ricercaten schreiben bekundet, angesichts des Verlusts der geschichtsphilosophischen Voraussetzungen solcher Formen, einer relativ geschlossenen Gesellschaft, ohnmächtigere Sehnsucht als je eine Note von Schumann oder Chopin, die, mit Hegel zu reden, „ihre Zeit im Gedanken erfaßt" haben.

Daß Tradition nicht sich beschwören läßt, entspricht Freuds großartiger Einsicht, daß sie Wiederkehr eines Vergessenen sei. Dazu kommt es nicht unterm Blickstrahl willkürlicher Erinnerung; geborgen wäre sie einzig im unwillkürlichen Gedächtnis. Wohl läßt das traditionale Moment so wenig an Musik sich tilgen wie das mimetische überhaupt, das in Konstruktion nicht sich erschöpft. Aber Tradition dauert bloß als aufgehobene, in dem arg ausgeleierten Doppelsinn, den Hegel dem Wort verliehen hat. Wenn in der ersten der Bagatellen op. 9 von Webern, einer noch nach fünfundvierzig Jahren avancierten Komposition, die Hauptstimme, in kürzesten Motiven, von einem Instrument ins andere springt; wenn, als Konzentrat einer Durchführung, wenige Noten ausbrechen und dann das Stück abklingt, so ist in solcher Auskonstruktion der verborgenen Essenz des klassischen Streichquartetts mehr von diesem gerettet als in der klassischen Symphonie Prokofiews oder irgendeiner anderen Bemühung von Mustern[2]. Tradition heute ist definiert als unabdingbare Verpflichtung zum Durchformen, Durchartikulieren, und diese Verpflichtung duldet nichts traditional Vorgegebenes. Wer ihr sich entzieht, flieht vor dem, was in der Geschichte offenblieb und was diese von ihm verlangt. Das wenige Takte währende Stück von Webern kennt kein erstes und zweites Thema, keine Vermittlungsfelder, keine Reprise. Dennoch ist es Sonate. Nicht anders kann Tradition heute sich bewähren.

Ist sie eins mit Autorität, so wäre auf sie die Unterscheidung persönlicher und sachlicher Autorität anzuwenden. Schlecht ist Tradition, sobald sie sich auf die Macht des nun einmal Bestehenden gründet. Als geistiges Deckbild bloßer Herrschaft verkommt sie unweigerlich zu jener Schlamperei. Dienen, Unterordnung unter eine Autorität, die nicht vorm Bewußtsein sich

[2] Vgl. Theodor W. Adorno, Der getreue Korrepetitor, Lehrschriften zur musikalischen Praxis, Frankfurt 1963, S. 134 ff.

legitimiert, nicht übereinstimmt mit den objektiven Interessen derer, über die sie ausgeübt wird, ist kein Positives, sondern das Gegenteil des Ethos, dessen Namen die Parierenden mißbrauchen. Die Kritik an einer Liberalitiät, welche die Freiheit der Menschen nicht zu erfüllen vermag, wird zum Hohn auf sich selbst, wenn sie die Freiheit verleumdet und durch eine Hierarchie ersetzt, die von nichts anderem sich herleitet als der Verfügung über die Apparatur. An Musik ist es, jenen Verblendungszusammenhang nicht dadurch zu verstärken, daß sie ihn beflissen akzeptiert. Sie muß ihm durch ihre eigene Gestalt widerstehen. Will sie dabei ohne Lüge auf sachgerechte Tradition anstatt auf irrationale sich stützen, so muß sie die einmal erreichte Differenziertheit, die einmal erlangten technischen Errungenschaften, den geschichtlich sich entfaltenden Wahrheitsgehalt bewahren, anstatt ihn zu ignorieren und die Bequemlichkeit, das Unterschlupfen, das die Anforderung an Produktion und Rezeption lockert, auch noch als höheres Prinzip pharisäisch sich gutzuschreiben. Produktives Gedächtnis treibt weiter. Was sich für gesichert hält, indem es vorm vermeintlichen Experiment sich hütet, ist bedroht wie ein törichter Geizhals, der, um ja sein Geld nicht zu verlieren, es in mündelsicheren Papieren anlegt, die bei der nächsten Inflation am ehesten entwertet werden. Todverfallen ist die Geborgenheit; Chance zu überleben hat einzig das Ungeschirmte, Offene.

In einem Moment sieht heute jeder Komponist legitim der Tradition sich gegenüber, mag er avanciert sein oder restaurativ. Denn es liegt jenseits seines Willens. Das ist das Material, dessen er sich bedient. Komponiert wird nicht mit Tönen, sondern mit Tonrelationen, und jedes Intervall, jeder Akkord, jede Farbe ist gesättigt mit dem, worin sie vormals standen und wofür sie standen. Der Tradition gewachsen ist, wer die Forderungen begreift, die aus der geschichtlichen Qualifikation alles musikalischen Materials aufsteigen. Die aber aufs treueste ihrem Material nachhorchen, sind die gleichen, die des Traditionsverlusts geziehen werden. Ihre Zuflucht hat Tradition im spezifischen Bereich und in der Geschichte der kompositorischen Avantgarde selber. Angeben läßt sich, wie die Fragestellung Weberns an einzelne Werke und an weiterreichende Potentiale Schönbergs anknüpft; wie sie andererseits Unstimmigkeiten aufzulösen sucht, die im Verhältnis zwischen dem Schönbergschen Material und der kompositorischen Verfahrungsweise sich meldeten. Angeben läßt sich auch, wie die jüngsten Entwicklungen die Webernsche totale Durchorganisation nicht nur des Reihenmaterials, sondern aller Gestaltungsprinzipien aufnahmen; und vermutlich wäre bereits zu zeigen, wie die Entwicklungstendenzen innerhalb der gegenwärtigen Produktion, vor allem die Einführung des Zufallsprinzips, in jener totalen Determiniertheit und damit in jenem Traditionellen entsprungen sind, das sie negieren. Wie sehr gerade das Fortgeschrittenste der Schutzhülle von Tradition bedarf, erfährt der Reproduzierende. Gerät ein Musiker, und sei er des besten Willens und von großer Intelligenz, an Webern, ohne daß er in der Vorstellungswelt seiner Musik groß geworden wäre, so dürfte er meist Unfug anstellen. Sich an die Noten und Bezeichnungen halten und dann spielen, ohne daß man, ganz einfach gesagt, weiß, wie das geht, führt unweigerlich zu Verzerrungen. Gebilde wie die Weberns lassen nicht ohne Zögern sich anfassen; ihre Aura verlangt den behutsamsten Umgang, eine Art Umständlichkeit, die der direkte Blick auf die Notentexte nicht hergibt; man muß sich dreimal um sich selbst drehen, ehe man ihnen sich nähert. Allein schon wenn man ein Stück von Webern sachgerecht frischfröhlich beginnt, wird es falsch. Tradition hat ihr Recht dort, wo Texte zu ihrer angemessenen Realisierung mehr verlangen als bloß die angemessene Realisierung der Texte. Manches veranlaßt die Spekulation, daß das rein mensurale Prinzip überholt ist, das nachahmende mimetische wiederum sich meldet, weil das Ideal der exakten Notierung einen Schwellenwert erreicht hat. So wäre vielleicht die Neigung zu einer neuen musikalischen Bilderschrift zu deuten.

Der heute gängigen Berufung auf Tradition jedoch liegt das Bedürfnis nach dem zugrunde, was selbst sich als Bindung deklariert; vergleichbar jener Not der evangelischen Kirche, die, um ihre Lehren zu konkretisieren, Verhältnisse vermeintlicher menschlicher Unmittelbarkeit, etwa solche der einfachen Marktwirtschaft, durch ihre Sprache supponiert. Als unerträglich wird der ungebundene Zustand empfunden und aus kulturphilosophischem Raisonnement ihm Naivetät gegenüberstellt, die selbst dort fragwürdig wäre, wo sie etwa noch sich erhalten hat: das Provinzielle ist nicht „heil“. Die Theologie wird nicht von jenen gerettet, bei denen Nietzsche und Baudelaire noch nicht sich herumgesprochen haben. Zu bestreiten aber ist die Prämisse jenes Bedürfnisses selber: daß der gegenwärtige Zustand niedriger stünde als der vergangene, den der Traditionalismus meint. Unwahr ist, daß die Emanzipation der Musik, der Verlust der vielberufenen Bindungen, ein Unglück sei. Sie hat sich emanzipiert, weil jene Bindungen ihr ebenso äußerlich, objektiv unverbindlich wurden wie den Subjekten unerträglich, nachdem sie einmal an der Idee von Freiheit sich maßen. Sie haben die Qualität der gebundenen Musik als fragwürdig erkannt. Hat man angesichts des Verstummens so vieler traditioneller Musik und der Dürftigkeit so vieler wiederbelebter, allen Grund, daran zu zweifeln, daß die sinnerfüllten Zeiten es gewesen seien, so hat umgekehrt die Emanzipation einen Reichtum, eine Tiefe und Fülle gezeitigt, die nur Defaitismus und Rancune als Bürde verleugnet. Was der restaurativen Kulturkritik und ihren musikalischen Exponenten für heillos gilt, ist, indem es vom Leiden und der Negativität zeugt, dem Wahren näher als ein Geist, der das Bewußtsein des Finsteren ad majorem dei gloriam gar nicht erst aufkommen läßt und dadurch nur noch mehr Finsternis verbreitet. Die Positivität, die sich in die Brust wirft, ist Schwäche. Index dessen ist die Langeweile, die von der meisten historisch wiederentdeckten Musik ausgeht; die Wahrnehmung des bloß Auswendigen, Ungefüllten, dem Subjekt unversöhnt Oktroyierten daran. Was die Musik durch den Prozeß ihrer Subjektivierung, der in keinem ihrer großen Produkte bloß Subjektivierung gewesen ist, von Bach an, gegenüber der älteren gewonnen hat, ist verbindlicher, als was ihr ritual die starre Regel vorschriebe. Besteht die Tradition von Musik nicht in Disziplin und Zuspruch sondern in der emphatischen Idee von Wahrheit, dann genügte ihr auch unter diesem obersten Aspekt bloß solche noch, die nicht an Traditionelles sich anlehnt. Darum ist es ein grobes Mißverständnis, Zwölfton- und serielle Technik selber als Bindung, als „System“ zu begrüßen. Viel eher wollen diese Techniken einer Subjektivität zu Hilfe kommen, die des Potentials der eigenen Freiheit noch nicht ganz mächtig ist.

Die Fragwürdigkeit ästhetischer Bindungen heute hat ihren gesellschaftlichen Grund. Kein runder und in sich geschlossener Kosmos gibt objektiv solche Bindungen vor, keiner bestätigt sie derart, wie man es auf die Vergangenheit projiziert; darum werden sie subjektiv anbefohlen. Die Setzung von Heteronomie aus Autonomie widerspricht beidem gleichermaßen, zu schweigen davon, daß der heteronome Zustand, als ein die Subjekte nicht solidarisch umfangender, sondern sie hemmender und unterdrückender am letzten zu wünschen wäre. Stilkopien parodieren bloß das Kopierte; zu Beginn bei Strawinsky, buchstäblich, später unwissentlich, geheim und mit verbissenen Zähnen. Anachronistisch wie die Institutionen des gegenwärtigen Traditionalismus, die der Klang von Worten wie Abendmusik oder Kantorei enthüllt, ist auch die in solchem Namen betriebene Musik selber, Neubarock. Aus der Neugotik des neunzehnten Jahrhunderts, von der man so selbstzufrieden sich distanziert, sollte man fürs Eigene die Lehre ziehen.
Zu differenzieren ist, wie allemal wohl, zwischen Tradition und Traditionalismus. Tradition heute ist schlecht dort, wo man sie, gerade weil es an ihr gebricht, zur Gesinnung erhebt. Barbarisch wäre es, wollte man aus borniertem Fortschrittsstolz wider jene Benediktiner eifern, welche die Gregorianik pflegen und einen ausgestorbenen Typus der Musikübung, dessen Qualitäten dem Fortschritt zum Opfer fielen, der liebenden Betrachtung aufbewahren. Was wohlfeile Modernität solcher Praxis als museal ankreiden könnte, die unverschleierte Trennung vom gegenwärtigen Stand des musikalischen Bewußtseins wird unschuldig dadurch, daß es sich selbst einbekennt. Kein Mönch wohl würde behaupten, es sei durch die einstimmigen Gesänge die Musik zu erneuern; keinen auch verlangte es danach. Das Ehrwürdige solcher Pflege ist ihre eigene selbstvergessene Unbekümmertheit um jede mögliche Wirkung. Wer aber, über Jahrhunderte hinweg, Musikübungen wie die angeblich barocke aufwärmt, sie mit Abfallprodukten der geschichtlichen Entwicklung seitdem herausputzt und damit einen Geist willkürlich andreht, der dem objektiv bestimmten Verfall der Tradition Einhalt gebiete, der betreibt im offenbaren Subjektivismus der Wiederherstellung eben das, was unvereinbar ist mit einer Tradition, die ihre Sub-

stantialität bloß daran hat, daß sie da ist und nicht veranstaltet.

Der musikalische Traditionalismus, der heute polemisch in die Breite wirkt, ist ein durch gemeinsame Gesinnung verkittetes Konglomerat von Musikgeschichte, Jugendbewegung und kollektivistischer Praxis. Man entzieht sich in pathischer Berührungsangst dem wie immer auch kritischen Kontakt mit der einzigen Tradition, die bis in die Kindheit der heute Lebenden noch hineinreicht und darum auch in ihre musikalischen Reaktionsweisen. Das ist die musikalische Welt der Eltern. Das neunzehnte Jahrhundert wird von Traditionalismus jüngsten Schlages mit einem Tabu belegt, das nur mit den dürftigsten Rationalisierungen, wie der von der angeblich überwundenen Romantik, sich rechtfertigt. Der Kultus des Plusquamperfekts besitzt seine Massenbasis in der eifrigen Bereitschaft des Gefolges, dem autoritären Gestus auch in der Musik sich zu unterwerfen. Die Urteile über die Werke, denen jene Art Restauration angedeiht, sind unverbindlich. Mediokritäten vom sechzehnten bis achtzehnten Jahrhundert werden als Aussagen gesunder Gemeinschaft, als frei von den Überspitzungen des eitel Genialischen angepriesen. Im Bereich der Orgelkunst werden bedeutende Autoren wie Reger als maßlos expressiv abgefertigt. Gesehen wird nicht einmal, daß die chromatischen Valeurs, welche die Sprache des reifen Reger ausschließlich bilden, eben durch ihre Allgegenwart gar nicht ausdrucksvoll wirken, sondern zu bloßen Materialelementen neutralisiert sind. Was aktuell, oder wenigstens noch spontan verständlich ist, wird verketzert zugunsten eines fiktiven musikalischen Kosmos, der der Erfahrung überhaupt nicht mehr offen ist. Solche Gesinnung ist ein ärgerer Feind der Kontinuität als die verwegensten Neuerungen. Ihren Erfolg verdankt sie nicht, wie sie sich einbildet, der Echtheit, Eigentlichkeit, Geborgenheit dessen, was sie propagiert, sondern einzig dem, daß der Verzicht auf Individuation, die organisierte Ichschwäche den Menschen als Leistung eines Höheren eingeredet wird: man braucht nur musikalisch weniger zu sein, um sich mehr zu dünken.

Tradition überlebt statt dessen unmittelbar in ihrer eigenen Antithese; gegenwärtig ist sie, wo von ihr abgestoßen wird. Längst hat man in der Malerei die Linie von Picasso über

Cézanne bis ins französische achtzehnte Jahrhundert zurück gezogen. Eine analoge verknüpft die Komponisten. Die Kräfte, mit denen sie das Gewesene durchbrechen, sind die substantielle Verkörperung von dessen eigener Gegenwart. Im Ungenügen am Überkommenen regt sich der Wille, die Versprechungen einzulösen, die es erhebt und nicht erfüllt, so wie der Sohn, der durch Identifikation mit dem Vater zum Ich wurde und in dieser Identifikation sein Gewissen ausbildete, es gegen ihn wendet, sobald er erkennt, daß die Welt der Väter die Normen verletzt, die sie verkündet. Ohne dies dialektische Moment bliebe Tradition nichtig. So im musikalischen Traditionalismus von heutzutage. Er zehrt von der Verwechslung zwischen dem Stil einer Musik — nach Riegls Ausdruck dem „Kunstwollen" — und ihrer objektiven Qualität. Die Einsicht, daß kein Kunstwerk an einem ihm selbst Fremden und Äußerlichen gemessen, daß nichts geschichtslos verglichen und gewertet werden kann, ist verderbt zu dem Glauben, Kunstwerke ließen auf ihren geschichtsphilosophischen Standort sich nivellieren und nach der Sympathie für diesen, oder der Antipathie gegen ihn sich bewerten. Primitiv wird so verfahren, daß die relative Geschlossenheit des Stils einer Epoche den Kunstwerken gutgeschrieben, ihr unentrinnbarer Verlust ihnen zum Bösen angerechnet wird, unbekümmert um die Wahrheit oder Unwahrheit jener Einheit selbst und um das spezifisch Komponierte. Aber die Stile und das Kunstwollen sind nicht einfach den Werken vorgeordnet, sondern umgekehrt auch ebenso von den einzelnen Werken produziert, die sie als allgemeine Begriffe unter sich befassen, und darum dem einzelnen Werk gegenüber nicht zu hypostasieren. Daß die Unterscheidung von Stil und Qualität in der Musik einstweilen schwieriger dünkt als in der bildenden Kunst, jedenfalls kaum ernsthaft in Angriff genommen ward, darf nicht dazu verführen, die Qualität unmittelbar im Stil zu suchen anstatt in der kompositorischen Fiber. Man weiß, daß Bach manche Themen des Wohltemperierten Klaviers Fugen von Johann Kaspar Fischer entlehnt hat. Vergleicht man die Arbeiten der beiden, die identisches Material verwenden, so wird man sicherlich nicht überhören dürfen, daß in den kurzen und bescheidenen Stücken des Älteren etwas anderes erstrebt ist als in den gänzlich durchgebildeten und entfalteten Kompositionen

Bachs. Man wird aber zugleich auch die Überlegenheit der letzteren nicht aus der Welt historisieren dürfen. Nicht bloß ist ihr Formniveau so viel höher. Sondern die Triebkraft der Themen selbst, die Verpflichtungen, die sie eingehen, werden ganz anders honoriert als in den skizzenhafteren Fischerschen Stücken, die, indem sie den eigenen Anspruch nicht so ernst nehmen, an immanenter Logik, an Wahrheit hinter Bach zurückbleiben. Wie die Kritik der Tradition durch die Erfahrung von Differenzen der Qualität hindurch sich vollzieht; wie Bach tatsächlich über Fischer fortschreitet, so bedarf jede genuine Tradition solcher Kritik, wenn sie nicht dem Stilfetischismus erliegen will, dessen Starrheit unweigerlich mit schwächlichem historischem Relativismus sich verbindet. Dieser, die entschlossene Wertblindheit, ist das Stigma alles musikalischen Traditionalismus. Seine Ideologie läuft darauf hinaus, vergangene Kunstwerke und vor allem Stile als autoritär, womöglich als ein Sein über die Vergänglichkeit dessen zu stellen, was Bild von Werden sei. Der statische Habitus der älteren Musik des Generalbaßzeitalters wird unterschoben für eine geschichtslos in sich ruhende, gewissermaßen Platonische Ewigkeit des Gehalts, als ob eine Komposition nur auf der Stelle zu treten brauchte, um schon den Ideenhimmel aufleuchten zu lassen. Aber geschichtliches Bewußtsein, das in Vergangenes sich versenkt, müßte, wäre es nicht der Willkür stilistischer Leitbilder verschrieben, das genaue Gegenteil leisten. Es müßte, was als Gewesenes und Vergangenes erstarrt ist und wie ein in sich und im ganzen Unbewegtes erscheint, selbst als Gewordenes erweisen. Ist einmal, wie es die historische Besinnung impliziert, Tradition nicht mehr unreflektiert verbindlich, sondern zum Gegenstand des Gedankens geworden, so wird eben dadurch ihre Autorität aufgelöst. Aus Mustern, die als unveränderlich sich gebärden, werden Produkte eines Prozesses, die, als selber entsprungene und fehlbare, auch vergehen. Damit aber verlieren sie ihren Modellcharakter. Nicht kann es die Aufgabe einer der Wahrheit verpflichteten musikalischen Historie sein, das Vergangene durch das fragwürdige Mittel der Einfühlung nahezubringen und mit dem Gegenwärtigen trüb zu vermischen. Vielmehr hat sie es gerade in seiner Distanz zu bestimmen. Wenn irgend etwas am Vergangenen beredt sein kann, dann nur durch die Distanz hindurch, nicht durch deren Verschleierung. Zieht man sie ein, so verfälscht man das Traditionale selbst. Aufs einmal Ferngerückte aber läßt nicht sich zurückgreifen, als wäre es fürs gegenwärtige Bewußtsein noch unmittelbar. Traditionalistische Gesinnung, die vergebens aus dem Geist des eigenen Zeitalters herausspringen möchte, tut dem Vergangenen das gleiche Unrecht an wie dem Gegenwärtigen.

Pädagogisches Bedürfnis erzeugt leicht eine falsche Vorstellung von der Tradition. Denn Pädagogik ist zunächst gehalten, auf schon Vorgegebenes sich zu beziehen. So wenig innerhalb von Lernverfahren produktiv Neues zu erwerben ist, so wenig taugt die fortgeschrittene autonome Produktion primär zum Lehrstück, obwohl ihr Ausschluß aus dem Unterricht kaum weniger schadet als dilettantische Anbiederung. Die Differenz zwischen dem Gewesenen und dem Gegenwärtigen, wie tief auch immer, ist nicht absolut; nur der kann Schönberg verstehen, der Bach versteht, nur der auch Bach, der Schönberg versteht. Aus dem gegenwärtigen Bewußtsein läßt sich nicht ausbrechen; es wirkt nach rückwärts und konstituiert auch die Erfahrung vom Vergangenen. Dessen Vorrang in der Pädagogik aber wird verhängnisvoll, sobald Pädagogik, verführt durchs Eigengewicht ihrer Apparatur, als Selbstzweck sich verkennt und für ermächtigt hält, eine eigene pädagogische Welt, gleich welchen Namens, aufzurichten. Die Gefahr der Pädagogisierung des Geistes, der Verwandlung der Lehre als eines Mittels in den Zweck, wie etwa das Sprachmonstrum „schulisch" es anzeigt, ist allgemein und der engeren pädagogischen Diskussion vertraut. In der Musik wird sie wohl, unterm Druck kollektivistischer Ideologien, nicht scharf genug gesehen. Die Eignung traditioneller, gerade auch vorvergangener Werke, auf bescheidener Stufe das darstellende Vermögen zu bilden, verleitet dazu, solchen Lehrstücken und ihrer Ära die Würde des Dauernden zuzuschreiben. Dagegen hilft nichts anderes als immanent-musikalische Besinnung auf die Qualität. Ihr dürfte dann freilich das meiste aus dem Schatz des zu pädagogischem Behuf Ausgegrabenen erliegen. Wie kein Mensch komponieren lernen kann, der nicht über die herkömmlichen Mittel von Harmonik und Kontrapunktik verfügt; wie aber zugleich keines dieser Mittel so, wie es dem Lernenden in die Hand gelangt, in die Produktion eingehen darf, so verhält sich die pädagogisch taugliche Vergangenheit zur Gegenwart. Manche der avancierteren Komponisten, wie Béla Bartók sein Leben lang, haben sich stets geweigert zu unterrichten. Nicht undenkbar, daß Symptome akademischer Erstarrung bei manchen anderen, auch sehr bedeutenden, mitverschuldet sind durch den Zwang zum Lehren, der allzu leicht im frei Komponierten Spuren des Paradigmas hinterläßt. Offenbar treten pädagogische und ästhetische Forderungen in anwachsenden Widerspruch.

Grundfalsch ist das zur Verteidigung des Traditionalismus gängige Argument: verständlich sei das Alte, unverständlich das Neue. Die Verständlichkeit des Alten bezieht sich lediglich auf das Koordinatensystem, die zur zweiten Natur erstarrte und eben damit in Wahrheit bereits entfremdete Tonalität. Wer sich mit dem Einschnappen gewohnter Erwartungszusammenhänge nicht begnügt und statt dessen mit den Ohren fragt, was am wesentlichen Gehalt von Musik ihm Identifikation ohne Bildungskrücken erlaubt, wird selbst bei Bach, der alle andere Produktion seiner Zeit gebietend unter sich läßt, die Schwierigkeiten größer finden als bei dem aufgelöstesten der so lange als abseitig verfemten Stücke Anton von Weberns, in denen es mitten im Weltfernen ums Nächste der geschichtlichen Stunde geht. Der Historismus verleumdet sein eigenes Prinzip, die Gewalt der Geschichte. Deshalb wird er der Sache nirgends gerecht. Seine Treue ist Untreue etwa in der Insistenz auf den zu Bachs Zeiten üblichen Originalbesetzungen. Daß damals, wie das Musikalische Opfer und die Kunst der Fuge kraß demonstrieren, Besetzungen und Instrumentalfarben nicht ebenso eindeutig waren wie heute, bekundet einen zentralen Unterschied: Farbe fungierte nicht im gleichen Sinn als der integrale Bestandteil der Komposition, zu dem es seit dem neunzehnten Jahrhundert bis zur Klangfarbenmelodie und der Organisation von Farbskalen als Reihen geworden ist. Im Bachischen Originalklang klammert man sich an etwas, was in solcher Bündigkeit in seiner Musik gar nicht enthalten ist. Ein Zufälliges, vielfach Unzulängliches wie die Klangmittel des achtzehnten Jahrhunderts wird fälschlich zur Hauptsache erhoben. Wo Treue zur vergangenen Musik noch möglich ist, erheischt sie nicht die Konservierung der Hülle, in der jene Musik einmal hervortrat, sondern die Realisierung dessen, wozu sie geschichtlich sich entfaltete. Allein der beseelte Ton der Singstimme und der Geige, für die Bach geschrieben hat, genügen, das von Orgel und Cembalo abgezogene historische Interpretationsideal zu widerlegen.

Das Traditionelle nicht weniger als das Neue begründet den Einspruch gegen den Traditionalismus. Die Würde des Vergangenen haftet an seiner Vergangenheit; zäumt man es als unmittelbar lebendig auf, so frevelt man, wo man Pietät zu üben wähnt. Niemand, in dem noch etwas von der Erfahrung geschichtlicher Kontinuität überwintert, wird getreue Kopien bombenzerstörter Gebäude wie die des Würzburger Hauses Zum Falken ohne das Gefühl des Peinlichen wahrnehmen. Unrecht widerfährt dem, was am Vergangenen geliebt wird, dem nicht Vertauschbaren, hier und jetzt und einmal Seienden. Seine erneuernde Wiederholung vollendet das Werk der Bomben, die es wenigstens im Gedächtnis unbeschädigt als Altes ließen. Etwas von diesem Schiefen, Antastenden wird auch bei musikalischen Wiederbelebungen verübt, zumal solchen aus dem fälschlich so genannten Barock. Die Verbindlichkeit, auf welche die Wiederbelebungen zielen, ist gegenwärtig der Erinnerung aus der Kindheit, in der man zum erstenmal das unausweichliche Ineinander einer Fuge vernahm. Solche Verbindlichkeit aber verwandelt sich in infantilen Schein, wenn sie einmal aufs Bedürfnis nach Gängelung zurechtgestutzt wird. Überall ist dafür mit technischen Unstimmigkeiten zu zahlen. Lauterkeit geht in den Gestus über. Das Erbe selbst verlangt, daß man es vor seiner Auferstehung behüte.

## DAS ALTERN DER NEUEN MUSIK

Vom Altern der Neuen Musik zu reden scheint paradox. Aber inmitten des beängstigenden Weltzustandes zeigt das Symptome der falschen Befriedung, was sein Wesen hat an der Kündigung des Einverständnisses und sein Recht an der Gestaltung dessen, was die konventionelle Oberfläche des Alltags verdeckt und was sonst zum Schweigen verdammt wird von eben jenem Kulturbetrieb, zu dessen Sparte auch die Neue Musik zu werden droht. Dem hämischen Einwand der Reaktion, in die Moderne habe Scholastik sich eingeschlichen und breite sich unversehens aus, läßt sich begegnen nur durch kritische Selbstbesinnung, wie sie bereits im Sinn des Phänomens liegt. Unvereinbar mit seinem Begriff ist der Ton des Affirmativen, die Bestätigung eines Bestehenden, wäre es auch das beliebte Sein schlechthin. Als Musik zum ersten Male an alledem gründlich irre ward, wurde sie zur Neuen. Der Schock, den diese Musik in ihren heroischen Zeiten, etwa bei der Wiener Uraufführung der Altenberg-Lieder von Alban Berg oder der Pariser des „Sacre du Printemps" von Strawinsky dem Publikum versetzte, ist nicht bloß, wie die gutartige Apologie es möchte, dem Ungewohnten und Befremdenden als solchem zuzuschreiben, sondern einem Aufstörenden und selber Verstörten. Wer dies Element abstreitet und beteuert, die neue Kunst sei doch gerade so schön wie die traditionelle, erweist ihr einen Bärendienst; er lobt an ihr, was sie selber verschmäht, solange sie unbeirrt dem eigenen Impuls nachhorcht.

Mit dem Altern der Neuen Musik ist nichts anderes gemeint, als daß dieser Impuls in ihr verebbt. Sie gerät in Widerspruch zu ihrer Idee und büßt deshalb auch die eigene ästhetische Substantialität und Stimmigkeit ein. Die „Stabilisierung der Musik", die Gefahr des Gefahrlosen, die schon so früh wie 1927 zu bemerken war, hat sich nach dem Weltuntergang noch verstärkt. Keineswegs aber hat, wie ein anderes Klischee es haben möchte, der gärende Most sich zu reifem, süßem Wein abgeklärt. Es ist nicht etwa an Stelle der Exzesse einiger Stürmer und Dränger nun die gültige Leistung, das runde Meisterwerk getreten. Das Verlangen danach gehört zum Bereich jenes Konformismus, den die Neue Musik aufkündigte. Während die Epigonen der Moderne, denen man heute auf Schritt und Tritt begegnet, vergessen, was das Ganze eigentlich sollte, nimmt die Qualität, die Verbindlichkeit der Gefüge, ab; beides, das Nachlassen der inneren Spannung und das Nachlassen der gestaltenden Kraft, entspricht sich und hat wohl die gleiche Wurzel. Schwerlich wird einer behaupten wollen, daß in irgendeinem Betracht die Produktion um die Mitte des zwanzigsten Jahrhunderts dem „Pierrot Lunaire“, der „Erwartung“, dem „Wozzeck“, der Lyrik Weberns oder den frühen Ausbrüchen von Strawinsky und Bartók überlegen sei. Selbst wenn unterdessen das Kompositionsmaterial von Schlacken, inhomogenen Rückständen des Vergangenen, gereinigt ward, und wenn etwas wie die Möglichkeit eines neuen strengen Satzes sich eröffnet, läßt sich fragen, ob solche Reinigung von allem störend Einfallenden unbedingt der Sache dient und nicht eher einer technokratischen Gesinnung, in deren eifernden Bemühungen um Konsistenz ein allzu Bündiges, Gewaltsames und Kunstfeindliches sich anmeldet. Jedenfalls sind jene Errungenschaften des Materials kaum der Qualität der Werke zugute gekommen, die sie verwerten. Man muß schon einem unbelehrbaren Glauben an den geradlinigen Fortschritt huldigen, um zu überhören, wie wenig seit den frühen zwanziger Jahren fortgeschritten ward, wieviel verlorenging, wie zahm, in vielem auch arm die meiste Musik unterdessen geworden ist. Wer der Neuen Musik die Treue hält, sollte das ohne Rücksicht aussprechen, in der Hoffnung, ihr damit besser zu helfen, als durch die Akkomodation an den Zeitgeist, die servile Anerkennung dessen, was nun einmal da ist.

Die radikale Musik wurde aber auch nicht, wie das manche Generationstheorien den Zeitgenossen einreden möchten, durch ein minder Gefährdetes abgelöst, hat nicht glücklich zu der durch die atonale Revolte demolierten Tradition zurückgefunden. Diese Möglichkeit theoretisch zu unterstellen, wäre ebenso flach wie die Praxis jener stabilisierten Musik, die Modelle von anno dazumal kopiert und mit eingestreuten falschen Noten aufputzt. Schon ob vor zweihundert Jahren das Vergessen Bachs und der Sieg des eingängigen galanten Stils die gesunde Reaktionsbildung und das Positivum waren, als welche die Musikgeschichte vielfach sie registiert, läßt sich bezweifeln. Wer über den Gang der musikalischen Geschichte spekuliert, sollte sich Gedanken darüber machen, daß zwar in der zweiten Hälfte des achtzehnten Jahrhunderts die neue Homophonie die Voraussetzung für Haydn und Mozart bildete, daß aber andererseits der Verlust einer lebendigen Überlieferung Bachs den großen Wiener Komponisten viel Not bereitete und vielleicht schuld ist an Defekten ihrer eigenen Verfahrensweise, die jetzt erst sich erkennen lassen. Ganz sicher jedoch hat jene Musik, die heute die Breite der Produktion ausmacht, und die man füglich Musikfestmusik nennen dürfte, nicht einer frisch ansetzenden primären Erfahrung so zum Ausdruck verholfen, wie es immerhin nach Bachs Tod geschah. Vielmehr zehrt sie wesentlich von dem von der Neuen Musik Gefundenen, während sie es zugleich verwaltet oder verschlampt, oder verdünnt, oder umbiegt. Ein drastisches Analogon aus der Literatur mag erlaubt sein. Es bezieht sich auf ein Werk, dessen geistige Ursprünge denen der Neuen Musik sehr verwandt sind, die „Letzten Tage der Menschheit“ von Karl Kraus. Er stand Schönberg nahe, und dieser hat auf Kraus in dankbarer Solidarität oft hingewiesen. Die erste Ausgabe jenes Dramas enthielt ein Titelbild, das die Hinrichtung des als Spion verurteilten Abgeordneten Battisti durch die Österreicher darstellte, mit der grauenhaften Fotografie eines gemütlich lachenden Henkers im Zentrum. Das Bild, ebenso wie ein zweites, womöglich noch bestürzenderes, ist in der Neuausgabe nach dem zweiten Krieg fortgeblieben. Durch dies scheinbar bloß Äußerliche hat sich im Werk etwas Entscheidendes geändert. Minder kraß widerfuhr solche Änderung auch der Neuen Musik. Die Klänge sind dieselben. Aber das Moment der Angst, das ihre großen Urphänomene prägte, hat man verdrängt. Vielleicht ist die Angst in der Realität so überwältigend geworden, daß ihr unverhülltes Bild sich kaum mehr ertragen ließe: das Altern der Neuen Musik konstatieren, heißt nicht, es als zufällig verkennen. Aber Kunst, die solcher Verdrängung bewußtlos gehorcht und sich zum Spiel macht, weil sie zu schwach wurde zum Ernst, begibt eben damit sich der

Wahrheit, die einzig ihr noch Daseinsrecht verliehe. Wenn sie dabei die Überlegenheit des luftigen Geistes über die Verwirrungen der niedrigen Existenz zitiert, so schafft sie nur dem eigenen schlechten Gewissen eine Ausrede. Vor hundert Jahren hat Kierkegaard als Theologe davon gesprochen, daß dort, wo einmal der furchtbare Abgrund gähnte, nun eine Eisenbahnbrücke gespannt sei, von der die Reisenden behaglich in die Tiefe hinunterblicken. Nicht anders steht es um die Musik. Selbst wenn die geschichtliche Gewalt, die es dahin bringt, so übergroß wäre, daß sie den Widerstand zur Vergeblichkeit verurteilte, ist wenigstens die Illusion zu zerreißen, solche Kunst wäre noch das, wofür sie sich hält und wofür sie inmitten eines aufs Mitmachen geeichten Betriebs immer noch gilt.

Dabei ist nicht bloß an sogenannte Mitläufer und Epigonen zu denken, die es immer gegeben hat. Die Symptome reichen bis in die Werke der begabtesten und der subjektiven Gesinnung nach kompromißlosesten Autoren hinein. Außer Betracht bleiben sollen Fälle wie die von Strawinsky und Hindemith, die mehr oder minder erklärtermaßen dem abgeschworen haben, was ihre Jugend erfüllte und was an ihnen einmal faszinierte. Ihre restaurativen Bestrebungen, ähnlich wie die einiger bekehrter surrealistischer Maler, sagen aus kulturphilosophischem Raisonnement vom Begriff der Neuen Musik überhaupt sich los. Sie hängen dem Trugbild einer musica perennis nach. Aber selbst Béla Bartók, dem solche Neigungen sehr ferne lagen, hat von einem gewissen Zeitpunkt an sich von der eigenen Vergangenheit distanziert. In einem Gespräch in New York erklärte er einmal, ein Komponist wie er, der in der Volksmusik wurzele, könne auf die Dauer der Tonalität nicht entraten — ein erstaunlicher Satz für Bartók, der als Person allen völkischen Versuchungen unbeirrt widerstand, ins Exil und in die Armut ging, als der Faschismus Europa verdüsterte. In der Tat jedoch sind seine späteren Werke, etwa das Violinkonzert, solche der traditionellen Musik, zwar nicht krampfhaft-gebrochene Reprisen eines längst Vergangenen, wohl aber fast unbefangene Fortsetzungen der Brahmsschen Linie; späte, nachgeborene Meisterwerke, gewiß, aber domestiziert, nicht länger Kundgaben eines bedrohlich Eruptiven, Unerfaßten. Seine Entwicklung hat seltsam rückwirkende Kraft. In ihrem Lichte erscheinen auch manche seiner radikalsten Arbeiten, wie die erste Violinsonate, weit harmloser als ihr Klang und ihre Akkorde. Was einmal Präriebrand dünkte, enthüllt sich als Csárdás, und selbst die exponierten Klavierstücke „Im Freien“ klingen heute wie ein ausgedörrter Debussy, eine Art gebeizte Stimmungskunst: Bartóks Schutzheiliger ist Liszts Mazeppa. Selbst unter denen, welche die Neue Musik einmal führten, war mehr als einer nicht ganz dem eigenen Avantgardismus gewachsen, lebte geistig gewissermaßen über seine Verhältnisse. Die Naivetät des Fachmusikers, der sein Metier besorgt, ohne an der Bewegung des objektiven Geistes recht teilzuhaben, ist dafür mitverantwortlich. Durch die modernen Musiker selber geht vielfach der Riß zwischen der Gesellschaft und der Neuen Musik nochmals hindurch. Während sie diese aus innerem Zwang gleichwie eine unausweichliche Aufgabe auf sich nehmen, sperrt sich in ihnen der eigene anerzogene Geschmack wiederum dagegen; ihre musikalische Erfahrung ist nicht frei vom Moment der Ungleichzeitigkeit. Sobald sie einmal von dem Unerreichten der vergangenen Musik betroffen werden, kapitulieren insbesondere die, welche dem Neuen unbedenklich sich überließen, weil sie vom Alten zu wenig wußten.

Das Altern der Neuen Musik ist also weit schwerer zu nehmen als das Renegatentum oder jene Beruhigung, die das Klassizitätsideal ersehnt. Auf das Ohnmächtige des Neoklassizismus hinzuweisen, ist heute bereits billig; offenbar wird an ihm die talentiertere kompositorische Jugend, angesichts der Schwäche, Blässe und Monotonie der späteren Werke der Schule, irre. Um so dringender aber ist die Frage nach dem Stand dessen, was nun gerade die Unzufriedenen und vom Etablierten Abweichenden anzieht, der Zwölftontechnik. Schönbergs eigene Bedenken schützen den vorm Mißverständnis, der sich der Beliebtheit dieser Technik, die geschichtlich heute so notwendig ist wie je, nicht mehr freut als etwa der Popularität Kafkas. Jenes Verfahren besitzt sein Existenzrecht durchweg nur in der Darstellung komplexer musikalischer Inhalte, die sonst sich nicht bewältigen ließen. Davon losgelöst, entartet es zum Wahnsystem. Daß die Neue Musik, und zumal die Leistung Schönbergs, wesentlich unter dem Schlagwort der Zwölftontechnik erscheint und damit behend eingeordnet wird, während ein sehr großer und vielleicht der qualitativ entscheidende Teil ihrer Produktion vor dieser Technik liegt oder unabhängig von ihr ist, sollte stutzig machen. Schönberg selbst hat sich konsequent geweigert, das zu lehren, was die jüngste Hausse zum System verfälscht. Erinnert sei etwa an die fünf Sätze für Streichquartett, op. 5, von Anton v. Webern, die heute so gegenwärtig sind wie am ersten Tag und technisch nicht übertroffen wurden. Diese jetzt fünfundvierzig Jahre zurückliegenden Sätze haben bereits mit der Tonalität gebrochen; sie kennen, wie man das so nennt, nur noch Dissonanzen; zwölftönig sind sie nicht. Um jede dieser Dissonanzen liegt ein Schauer. Sie werden als etwas Ungeheuerliches gefühlt und sind vom Autor nur mit Furcht und Zittern eingeführt. Bis in die Faktur hinein kann man verfolgen, wie behutsam er sie anfaßt. Zögernd nur trennt er sich von jedem solchen Klang, einen jeglichen hält er fest, bis seine Ausdrucksvaleurs ausgeschöpft sind. Er scheut sich, darüber souverän zu verfügen und respektiert gleichsam die eigenen Funde. Nicht zuletzt daher stammt die unverwelkte Gewalt dieser Zartheit. Nun läßt sich gewiß die Kraft des „Zum ersten Mal" nicht konservieren. Man muß ihrer sich entäußern, über sie hinausgehen, sobald jene Wirkungen sich einmal niedergeschlagen, verfestigt haben. Alles aber hängt davon ab, ob dann solche Akkorde tatsächlich aus dem Bann ihrer Vereinzelung sich lösen und zu großen Totalitäten zusammenschießen, in denen sie sich behaupten, oder ob sie ihres Eigenwesens sich begeben, ob sie manipuliert werden, als hätten sie nichts zu bedeuten. In der Nivellierung und Neutralisierung des Materials wird das Altern der Neuen Musik greifbar, die Unverbindlichkeit eines Radikalismus, der nichts mehr kostet. Nichts mehr kostet im doppelten Sinn: weder seelisch, denn mit der Scheu vor solchen Akkorden und dem Glück an ihnen ist auch ihre Substanz, ihre Ausdruckskraft, ihre Beziehung aufs Subjekt dahin; noch real, denn es regt sich heute kaum noch jemand über die auf allen Musikfesten ausgestellte Zwölftontechnik auf. Sie wird toleriert als Privatbeschäftigung von Spezialisten, die da auf eine nicht ganz durchsichtige Weise für die Kultur notwendig sein soll, und den Experten überlassen; niemand aber wird selber angefochten, niemand erkennt sich darin wieder, spürt einen verbindlichen Anspruch auf Wahrheit. Von der Zwölftontechnik wäre als ihre Antithese jene Sprengkraft des musikalisch Einzelnen nicht wegzudenken, die in Weberns früheren Werken heute noch lebt. Zwölftontechnik ist die unerbittliche Klammer, die zusammenhält, was nicht minder stark auseinander möchte. Wird sie verwandt, ohne an solchen Gegenkräften sich zu erproben, wird organisiert, wo es nichts Widerstrebendes, zu Organisierendes gibt, so verschwendet sie die Mühe. Es spricht das Urteil über zahllose gegenwärtige Zwölftonkompositionen, daß in ihnen relativ simple musikalische Ereignisse in relativ simplem musikalischen Zusammenhang stehen, den zu stiften es der Reihentechnik gar nicht erst bedürfte. Sie wird zu dem, was man in der Mathematik Überbestimmung einer Gleichung nennt, einem Fehler.

Bei den Intransigenten jedoch, die womöglich an Konsequenz über Schönberg hinausgehen möchten, stößt man auf eine höchst sonderbare Verbindung von Sektierertum und Akademismus. Es fällt ja nicht schwer, an den großen Exponenten der Neuen Musik, auch an Schönberg selber, traditionelle Momente zu entdecken. Vor allem solche musiksprachlicher Art, also der Ausdruckscharaktere und der inneren Zusammensetzung der Musik, im Gegensatz zu dem völlig umgepflügten musikalischen Material. Grob sinnfällig ist das an Schönbergs vor einigen Jahren in Hamburg konzertmäßig uraufgeführtem Opernfragment „Moses und Aron“. Im Verhältnis zur Bühne, zum Text, zum Ausdruck, im gesamten Gestus, folgt es treu dem überlieferten Stiltypus des Musikdramas, trotz aller rein musikalischen Innovationen. Verwandtes läßt sich aber auch an der eigentlich kompositorischen Verfahrungsweise Schönbergs bis ins einzelne nachweisen: Themenbildung, Exposition, Übergang, Fortsetzung, Spannungs- und Auflösungsfelder, und was dergleichen Begriffe mehr sein mögen, sind auch in seinen kühnsten Werken von den herkömmlichen, etwa denen von Brahms, kaum verschieden. Nun kann man sich Komponieren hohen Ranges anders denn als bis ins kleinste sinnvolle Artikulation der verwandten musikalischen Mittel kaum vorstellen. Aber die Mittel, über die bis heute verfügt wird, waren doch allesamt auf dem Boden der Tonalität gewachsen. Wenn sie von dort her auf ein nicht tonales Material übertragen werden, resultieren gewisse Unstimmigkeiten, eine Art Bruch zwischen musikalischem Stoff und musikalischer Formung. Schönbergs kompositorische Souveränität hat diesen Bruch noch zu meistern vermocht. Die Antagonismen aber, mit denen er sich konfrontiert sah und welche die jüngeren Komponisten quälen, sind nicht zu verschweigen. Denn alle jene Charaktere, an denen er mit großartiger Naivetät festhielt — wie an den Profilen der tonalen ersten Kammersymphonie im zwölftönigen vierten Quartett —, lassen ihrer Funktion nach nicht ohne weiteres aus ihrem Ursprungsboden sich transponieren. Der Begriff der Überleitung etwa setzt verschiedene harmonische Ebenen des Modulationsplans voraus: ohne eine solche harmonische Leistung zu erfüllen schrumpft er allzuleicht zur formalen Reminiszenz zusammen. Selbst die zentrale Kategorie des Themas läßt sich schwer festhalten, wenn durch das Zwölftonverfahren jeder Ton gleich determiniert, gleich thematisch wird; in Zwölftonkompositionen stehen Themen vielfach wie Rudimente einer älteren Stufe. Andererseits aber hat einzig kraft jener und verwandter Kategorien bei Schönberg inmitten der Zwölftontechnik der musikalische Sinn, das eigentliche Komponieren, soweit es mehr ist als bloße Anordnung, sich gerettet. Sein Konservatismus in diesem Betracht ist nicht einem Mangel an Konsequenz, sondern eben der Sorge zuzuschreiben, daß das Komponieren zum Opfer der Präformierung der Mittel werden könnte. Seine jüngsten Nachfolger begehen einen Kurzschluß, indem sie die Antinomie, die Schönberg mit Grund in Kauf nahm, unbeschwert lösen wollen. Absichtsvoll vergessen sie den musikalischen Sinn und seine Artikulation, die Schönberg zu zögern gebot, und glauben, die Herrichtung der Töne sei bereits die Komposition, sobald man aus dieser alles fortgelassen habe, wodurch sie zur Komposition wurde. Sie bleiben stehen bei der abstrakten Negation und ziehen auf eine leere fröhliche Fahrt, in der, bei denkbar komplizierten Notenbildern, eigentlich gar nichts mehr geschieht; das mag ihnen denn auch erlauben, unbefangen eine Partitur an die andere zu reihen.

Die Entwicklung setzt bereits mit Schönbergs Schüler Anton v. Webern ein. Dessen spätere, gerade in ihrer skeletthaften Einfachheit überaus schwierige Werke trachten, mit dem Widerspruch fertigzuwerden durch eine Verschmelzung des Fugen- und des Sonatenwesens. Der letzte Webern möchte die musiksprachlichen Mittel so ganz nach dem neuen Stoff, den Zwölftonreihen, richten, daß er dem Verzicht auf musiksprachliche Mittel zuweilen schon sehr nahe kommt und die Musik auf die nackten Vorgänge im Material, das Schicksal der Reihen als solcher, reduziert, ohne freilich je den musikalischen Sinn vollends zu opfern. Diese Perspektive verfolgen neuerdings eine Reihe von Komponisten weiter. An ihrer Spitze steht Pierre Boulez, Schüler von Messiaen und Leibowitz, fraglos ein durch und durch gebildeter, überaus begabter Musiker von höchstem Formniveau und einer Kraft, die sich auch mitteilt, wo er alle Subjektivität verleugnet. Er und seine Anhänger sind darauf aus, zugleich mit den Resten des traditionellen musikalischen Idioms auch jegliche kompositorische Freiheit als Willkür zu beseitigen: in der Tat ist jede Regung des Subjekts in der Musik zugleich eine der musikalischen Sprache. Man hat also vor allem versucht, in die strenge Ordnung des Zwölftonverfahrens auch die Rhythmik hineinzuziehen und schließlich das Komponieren überhaupt durch eine objektiv-kalkulatorische Anordnung von Intervallen, Tonhöhen, Längen und Kürzen und Stärkegraden zu ersetzen — eine integrale Rationalisierung, wie sie wohl in der Musik kaum zuvor visiert worden ist. Die Willkür jener Gesetzlichkeit, der bloße Schein der Objektivität in einer dekretierten Systematik wird aber schon offenbar in der Unangemessenheit der Regeln an Strukturverhältnisse des musikalischen Verlaufs, die sie nicht aus der Welt zu schaffen vermögen. Das bloß Ausgedachte ist immer auch zu wenig durchdacht. Zugrunde liegt eine statische Vorstellung von der Musik: die genauen Entsprechungen und Äquivalenzen, welche die totale Rationalisierung anbefiehlt, basieren allesamt auf der Voraussetzung, daß das wiederkehrende Gleiche in der Musik auch tatsächlich gleich sei, etwa wie in einer schematischen räumlichen Darstellung. Das fixierte Notenbild wird mit dem Geschehen verwechselt, das es bedeutet. Aber solange Musik überhaupt in der Zeit verläuft, ist sie dynamisch derart, daß das Identische durch den Verlauf zum Nichtidentischen wird, so wie umgekehrt Nichtidentisches, etwa eine verkürzte Reprise, zum Identischen werden kann. Was man an der traditionellen großen Musik Architektur nennt, beruht eben darauf, nicht auf bloß geometrischen Symmetrieverhältnissen. Die mächtigsten

Formwirkungen Beethovens hängen daran, daß ein Wiederkehrendes, das einmal als Thema bloß da war, nun als Resultat sich enthüllt und damit ganz veränderten Sinn annimmt. Oftmals wird durch solche Wiederkunft auch die Bedeutung des Vorhergehenden erst nachträglich gestiftet. Der Einsatz einer Reprise vermag das Gefühl eines Ungeheuerlichen hervorzubringen, das vorherging, auch wenn dies Ungeheuerliche an Ort und Stelle gar nicht zu finden war. Nicht nur berauben die punktuellen Konstruktivisten sich solcher Möglichkeiten eigentlicher Formgestaltung, sondern sie verkennen, daß gegen ihren eigenen Willen die Zeitverhältnisse sich durchsetzen und dem, was auf dem Papier als Identisches steht, einen völlig veränderten Stellenwert verleihen. Das sichere Gleichgewicht, das sie auf dem Papier errechnet haben, realisiert sich nicht. Ihr überwertiges Sekuritätsbedürfnis zerstört die Sekurität: weil die Balance der musikalischen Elemente statisch allzu genau stimmt, wird sie von der immanenten Dynamik der Musik umgeworfen. Sie geht dem, worauf es künstlerisch allein ankäme, dem aktuellen musikalischen Verlauf, verloren.

Der Spannungsverlust ist aber kein bloßes Symptom des Alterns, sondern läßt sich bis in die Ursprünge der Neuen Musik selbst hinein zurückverfolgen: was heute zu beobachten ist, wirft seinen Schatten über die heroischen Zeiten. Der expressionistische Schönberg stand dem Blauen Reiter nahe; Lieder von ihm, von Webern und von Berg waren dort veröffentlicht, und Kandinskys Manifest „Über das Geistige in der Kunst" schließt auch den Impuls der Atonalität ein. Musik wollte endlich dem Kantischen Satz gerecht werden, nichts Sinnliches sei erhaben, und je mehr der Markt sie zum kindischen Spaß erniedrigte, um so emphatischer drängte sie auf ihre Mündigkeit durch Vergeistigung. Dafür aber hatte sie ihren Preis zu zahlen, so wie Valéry es für jegliche neue Kunst argwöhnte. Im Altern der Neuen Musik wird dieser die Rechnung präsentiert. Die Emanzipation von den vorgegebenen Formkategorien und Strukturen des Musikmaterials schloß eine Voraussetzung ein, ähnlich einem Aspekt der expressionistischen Malerei, sofern diese die Vergeistigung ihres Verfahrens darauf stützte, daß irgendwelche Farbwerte als solche, daß materiale Elemente an sich bereits etwas bedeuten. Die nie gehörten vielschichtigen Klänge wurden als Ausdrucksträger vorgestellt. Sie waren es auch, aber vermittelt, nicht unmittelbar. Ihre Einzelvaleurs hingen teils an ihrer Relation zu den traditionellen Klängen, die sie negierten und in der Negation erinnernd aufbewahrten, teils an ihrer Stellung in der kompositorischen Gesamtstruktur, die sie zugleich mitveränderten. Um ihrer Neuheit willen aber wurden zunächst die expressiven Qualitäten den isolierten Klangphänomenen zugeschrieben. Daher rührt ein Aberglaube an sinnhafte Urelemente, die in Wahrheit der Geschichte sich verdanken und deren Sinn selbst geschichtlich ist. Von jenem Aberglauben hielt die radikale Kunstgesinnung kaum je ganz sich frei und leicht spielte sie in das hinüber, was ihr selbst am widerwärtigsten war, ins Kunstgewerbe: kalt-blaue Klänge, das böse Rot sind gar nicht so sehr verschieden von den edlen Stoffen gebatikter Tücher rhythmischer Gymnastikmädchen. Durch und durch kunstgewerbliche Bemühungen wie die um die Farbtonmusik, die vor etwa dreißig Jahren ihre Anhänger fanden, haben bald jene Seite des Expressionismus hervorgehoben: die modernistische gegenüber der Modernität. Was aber heute im Namen punktueller Musik und integraler Rationalisierung sich zuträgt, ist der Farbtonmusik und alldem nur allzu verwandt: Vernarrtheit ins Material bei Blindheit gegen das, was daraus gebildet wird, resultierend aus der Fiktion, das Material rede selber, einem gleichsam verrohten Symbolismus. Wohl redet Material, doch erst in den Konstellationen, in welche das Kunstwerk es setzt: das Vermögen dazu, nicht die bloße Erfindung einzelner Klänge, hat die Größe Schönbergs vom ersten Tage an ausgemacht. Die überwertige Idee des Materials jedoch, die sich zäh am Leben erhält, verleitet dazu, jenes Vermögen, wofern man es hat, zu opfern und zu glauben, die Aufbereitung musikalischer Urstoffe wäre eins mit der Musik. Inmitten der Rationalisierung versteckt sich ein schlecht Irrationales, das Zutrauen in die Sinnhaftigkeit des abstrakten Stoffs, in dem das Subjekt sich verkennt, das ihm den Sinn erst entlockt. Es wird verblendet von der Hoffnung, jene Stoffe möchten es aus dem Bannkreis der eigenen Subjektivität entführen. Als die Neue Musik lebendig war, meisterte sie diese Illusion durch die Kraft des Gestaltens; heute verfällt sie ihr und legt die Schwäche zum Gestalten sich als Triumph kosmischer Wesenhaftigkeit zurecht.

Man ist, wie die restaurative Literatur, näher am Jugendstil, als man ahnt.
Zugleich jedoch ist die Expansion des musikalischen Materials selbst bis zu einem Äußersten vorgestoßen. Dem Vertrauen auf die Beredtheit der Stoffe war stets ein zweites gesellt: das, intentionslose Schichten, Neuschnee gleichsam, zu finden, die frei noch vom Abdruck des Subjekts und der Vergegenständlichung seiner Spur zu Ausdruckskonventionen, reine Unmittelbarkeit erlaubten. Sieht man aber von den bichromatischen Unterteilungen des Tonsystems ab, die vom Gehör der Komponisten, auch der differenziertesten, nie recht absorbiert wurden, selber nur wie weiter aufgespaltene Chromatik klingen und damit dem Drang der Neuen Musik zur Bildung selbständiger Nebenstufen geradezu widersprechen, so sind die Möglichkeiten neuer Klänge innerhalb des Bereichs der zwölf Halbtöne der temperierten Stimmung virtuell erschöpft. Nicht daß alle Klangkombinationen schon benutzt wären: deren mathematische Möglichkeiten sind, seit der Emanzipation von den Dreiklängen, praktisch unabsehbar. Aber es geht um die Qualität, nicht die Quantität. Was von solchen Kombinationen tatsächlich geschrieben, was nicht geschrieben ward, ist bereits zufällig; der Raum ist abgesteckt, und kein hinzuzufügender Klang würde wohl die Klanglandschaft insgesamt verändern. Vielleicht war solche Veränderung selbst möglich nur im Angesicht noch geltender Einschränkungen. Als der späte Wagner über den verminderten Septimakkord die kleine None des Grundtons legte und Schönberg in der „Verklärten Nacht“ den Nonenakkord in Dur in der verbotenen Sekundlage brachte, ging an solchen Akkorden das Potential dessen auf, was Webern ein Meer nie gehörter Klänge nannte und wohin dann die „Erwartung“ sich wagte. Kein Klang heute könnte so leicht mehr den Anspruch des nie Gehörten anmelden. Ginge ein unersättlicher Komponist auf die Suche danach, so verfiele er jener Ohnmacht, die immer sich einstellt, sobald das Material nicht mehr aus Zwang sich erweitert, sondern neuen Reizmitteln zuliebe gleich einem Lager durchmustert wird. Die Unverbindlichkeit des musikalischen Radikalismus heute, die Billigkeit des Kühnen ist die unmittelbare Folge dessen, daß die absolute Grenze des geschichtlichen Tonraums der abendländischen Musik erreicht scheint, daß jedes

erdenkliche klangliche Einzelereignis wie bereits vorgesehen, eingeplant wirkt, während den Tonraum selber zu sprengen bis heute weder ein starker Impuls sich regt noch auch bloß die Fähigkeit sich zeigt, außerhalb jenes Raumes spontan zu hören. Die Bemühungen um totale Rationalisierung sind aber selbst insofern von jener Grenze abhängig, und sie ist insofern ihre eigene, als sie allesamt noch sich messen an der Vorstellung eines schlechterdings Offenen, Unendlichen, das zu bändigen wäre, während es keine musikalische frontier mehr gibt. Daher haben jene Anstrengungen etwas Unnützes und Krampfhaftes: sie gelten einem Chaos, das keines mehr ist. An der Zeit wäre eine Konzentration der kompositorischen Kraft in veränderter Richtung; nicht auf die bloße Organisation des Materials hin, sondern auf das Komponieren wahrhaft kohärenter Musik mit dem wie immer auch entqualifizierten Material.

Gerade auf die Tendenzen zur totalen Rationalisierung indessen scheint etwas in der jüngsten Generation stark anzusprechen. Sie begegnen sich mit der heute verbreiteten Allergie gegen jeglichen Ausdruck, welche die bilderstürmerischen Exponenten der „punktuellen" Musik mit restaurativen Widersachern, wie den historischen Bachinterpreten oder den kollektivistischen Anhängern der Jugendbewegung, teilen. Falsch aber ist die Gleichsetzung des Ausdrucks mit Romantik oder Jugendstil, die dabei unterläuft, und jener Abwehr den Schein des Avancierten verleiht. Nicht der Ausdruck als solcher müßte aus der Musik als Hexenspuk exorziert werden — sonst bliebe nichts als die Tapetenmuster tönend bewegter Formen übrig —, sondern das Moment des Verklärenden, das Ideologische am Ausdruck ist fadenscheinig geworden. Zu fassen ist es an dem, was in der musikalischen Gestalt nicht substantiell ward, was Schmuck und bloßer Gestus bleibt. Es käme darauf an, dem Ausdruck die Dichte der Erfahrung zurückzugewinnen, wie man es schon in der expressionistischen Phase versuchte, nicht aber sich damit zu begnügen, an Stelle des kultischen Scheins von Menschlichem den Kultus der Unmenschlichkeit zu betreiben. Man berührt damit wohl einen der entscheidenden anthropologischen Gründe fürs Altern der Neuen Musik: daß die Jugend sich nicht mehr getraut, jung zu sein. Angst und Leiden sind ins Extrem angewachsen und lassen von der Psyche des einzelnen kaum mehr sich bewältigen. Das nötigt zur Verdrängung, und diese, nicht die Positivität eines vorgeblich höheren Zustands von Scham und Selbstbeherrschung, steht hinter der Idiosynkrasie gegen den Ausdruck, der mit dem Leiden eins ist. Jede nicht vorweg durch kollektive Schemata erfaßte Regung müßte mahnen an das, was man sich zuzugestehen verbietet, und wird darum selber verboten. Ästhetische Objektivität, die auf so wankendem Grunde gedeiht, ist aber der äußerste Widerspruch der Verbindlichkeit, die sie usurpiert. Gleichwohl ist in die in Rede stehenden Gebilde zuviel vom Stand des gegenwärtigen Bewußtseins und Unbewußtseins eingegangen, als daß sie als bloß irrelevant abzutun wären. Nur eben ist der Gehalt jenes Standes die Unwahrheit. Von manchen Kompositionen jenes Typus geht eine Suggestion aus, wie sie wohl allem in sich ganz Konsequenten, wäre es auch absurd, eignet. Aber aufs Absurde bewegt man sich zu. Diese Stücke sind musikalisch im strengen Verstande sinnlos, ihre Logik, ihr Aufbau und Zusammenhang weigert sich dem lebendig hörenden Vollzug, der Basis jeden Taktes auch bei Schönberg. War der traditionelle Begriff des musikalischen Sinns gebildet an der Sprachähnlichkeit der Musik, und hatten die revolutionären Werke der Neuen Musik in ihren Ausbrüchen gegen ihn rebelliert, um der Sprachähnlichkeit sich zu entledigen und den meist nur lax gebrauchten Begriff absoluter Musik zu verwirklichen, so blieben doch selbst die Ausbrüche Momente eines Sinnzusammenhangs. Auch das Sinnlose kann, als Kontrast und Negation des Sinns, sinnvoll werden, so wie in der Musik das Ausdruckslose eine Gestalt des Ausdrucks ist. Damit aber haben jene jüngsten Bestrebungen nichts zu tun. Ihnen wird die Sinnlosigkeit schlechterdings zum Programm, zuweilen gedeckt von Dogmen der Existentialphilosophie: an Stelle subjektiver Intentionen werde Sein selber laut. Aber solche Musik ist durch die Abstraktionsvorgänge, denen sie entspringt, alles eher als eine der Ursprünge, aufs äußerste subjektiv und historisch vermittelt. Ist sie aber nicht die reine Stimme des Seins — wozu soll dann die gereinigte Musik noch da sein? Das Ordnungsschema substituiert das Wozu, die Organisation der Mittel wird zum Ersatz für den verleugneten Zweck. Durch die atomistische Disposition der Elemente zergeht der Begriff des musikalischen Zusammenhangs, ohne den von Musik doch wohl nicht die Rede sein kann. Der Kultus der Konsequenz terminiert im Götzendienst; das Material wird nicht weiter durchgeformt und artikuliert, um der künstlerischen Absicht dienstbar zu sein, sondern seine Zurichtung wird zur einzigen künstlerischen Absicht, die Palette zum Bild. So schlägt die Rationalisierung auf ominös symbolische Weise ins Chaotische um.

Die Behauptung, es trete durch die Rationalisierung des Materials die Musik in ein neues, das wissenschaftliche Stadium ein, ist naiv — eine jener Hilfshypothesen, mit denen Künstler das von ihnen Begonnene oft amateurhaft intellektualistisch zu rechtfertigen unternehmen. In der Geschichte des Geistes ist das Verhältnis von Kunst und Wissenschaft nicht derart spannungslos, daß bei fortschreitender Rationalisierung jene zu dieser würde und gewissermaßen an ihrem Triumph teilhätte. Kunst, und Musik zumal, ist der Versuch, jene abgespaltenen Elemente der Wahrheit dem Gedächtnis zu bewahren und weiterzutreiben, die der steigenden Naturbeherrschung, eben der Verwissenschaftlichung und Technisierung der Welt, die Realität überließen. Dieser Versuch duldet keine ausgespitzten Reservatsphären des Unbewußten, keine lauschigen Sitzecken inmitten der elektrifizierten Welt. Was Kunst sagt, ist, wäre es auch als bestimmte Negation, selbst ein Moment des Weltlaufs, der unterm Gesetz der Aufklärung steht. Man würde nur die bürgerlich-barbarische Trennung von Gefühl und Verstand verewigen, wenn man Kunst als einen Naturschutzpark des unveränderlich Menschlichen und der wohlgehegten Unmittelbarkeit vom Prozeß der Aufklärung isolierte. Die authentischen Künstler der Epoche, Valéry vor allem, haben der Technisierung des Kunstwerks nicht bloß gehorcht, sondern sie gefördert, und die gesamte Entwicklung gerade der modernen Musik seit Richard Wagner wäre undenkbar gewesen ohne die entschlossene Absorption des technischen Elements im umfassendsten Sinn. Aber dadurch, und selbst durch scheinbar wissenschaftliche Methoden, wie der Impressionismus und Pointillismus in der Malerei sie einführten, ist doch die Kunst nicht zur Wissenschaft oder Technik geworden. Der Zweck, für den die technischen Elemente bemüht werden, ist nicht die reale Naturbeherrschung, sondern die integrale und durchsichtige Herstellung eines Sinnzusammenhangs. Wo solche Transparenz nichts durchscheinen läßt, wo sie nicht Medium des künstlerischen Gehalts, sondern Selbstzweck wird, verliert sie ihr Lebensrecht. Gerade Valéry hat das nachdrücklich hervorgehoben. Die ästhetische Rationalität der Mittel erreicht weder ihr mathematisches Ideal noch beherrscht sie die Realität: es bleibt bei einer Mimesis wissenschaftlicher Verfahrungsweisen, einer Art Reflexbewegung auf die Vormacht der Wissenschaft, die die Differenz der Kunst von dieser nur um so greller ins Licht rückt, je ohnmächtiger Kunst der rationalen Ordnung des Wirklichen gegenüber sich erweist. Wissenschaftliche Kunst, die nichts wäre als wissenschaftlich, wäre ein kunstgewerbliches Analogon, gebärdete sie sich auch noch so streng. Notwendigkeit, aber auch Berechtigung der musikalischen Konstruktion haftet an dem zu Konstruierenden, an der Komposition, nicht an der bloßen Erfüllung selbstgesetzter mathematisierender Normen, die nur allzuleicht ihrer Hinfälligkeit zu überführen sind. Der Sinn der Technik jenseits der ästhetischen Sphäre, der von Spiel und Schein, ist die Leistung, der arbeitseinsparende Effekt. Da das Kunstwerk heute wie stets einen Bezirk einnimmt, der von dem der praktischen Wirkungszusammenhänge geschieden ist, so kann es an diesem Sinn der Technik nicht partizipieren, sondern muß seinen eigenen erfüllen auch dort, wo es an der Technik teilhat. Vergißt es daran, so wird es ein schlechtes Drittes, ästhetisch leer und real ohnmächtig, verblendete Bastelei. Die verzweifelte Hoffnung der Kunst, sie könne in der entzauberten Welt sich durch Pseudomorphose an die Wissenschaft retten, schlägt ihr zum Unheil an. Ihr Gestus entspricht dem, was man psychologisch Identifikation mit dem Angreifer nennt. Das Gehabe der Maschine ohne Nutzeffekt akzentuiert nur jene Nutzlosigkeit inmitten der allgemeinen Utilität, aus der das schlechte Gewissen der Kunst stammt, und viel von dem, was sie sich als Überwindung der Romantik gutschreibt. Wie die Erfahrung einer technifizierten Welt ohne Kunstgewerbe und ohne den Köhlerglauben an die Verwissenschaftlichung der Kunst musikalisch sich bewältigen ließe, dafür zeugt das Werk von Edgar Varèse. Er, der Ingenieur ist und im Ernst etwas von der Technik weiß, hat dem Komponieren technologische Aspekte zugebracht, nicht um sie infantil zu verwissenschaftlichen, sondern um Raum zu schaffen für den Ausdruck von Spannungen eben solcher Art, wie sie die gealterte Neue Musik einbüßt. Er wendet die Technik an Wirkungen von Panik, die das Menschenmaß musikalischer Mittel überschreiten.

Vergeblich die Hoffnung, es stelle sich durch mathematisierende Manipulationen ein reines musikalisches An sich her. Man meint, den Gesetzen von Natur zu folgen, während die Materialordnungen, die sich kosmisch gebärden, selber bereits das Produkt menschlicher Veranstaltungen sind — allein schon durch die temperierte Stimmung und die Oktavgleichheit. Verblendet erhebt man ein von Menschen Gemachtes zum Urphänomen und betet es an, der authentische Fall des Fetischismus. Die Gesinnung, die darin sich austobt, hat bei aller Reinheit des Willens etwas Infantiles. Es ist die Passion der Leere, vielleicht das bedenklichste Symptom des Alterns. Schulmäßig wird nach ausgedachten und entfremdeten Regeln verfahren, bar der Spannung zum Subjekt, ohne die es Kunst so wenig gibt wie Wahrheit. So gewiß die Neue Musik Musiksprache und musikalisches Material zur vollen Kongruenz bringen muß, so wenig ist diese Kongruenz doch darin zu suchen, daß man die musikalische Sprache einfach ausmerzt und den entqualifizierten Rest sich selbst überläßt, oder, anstatt ihn zu durchdringen, ihn mit bloßen Ordnungsschemata überspinnt. Man wird an jene Volksetymologie gemahnt, welche „radikal" mit „ratzekahl" übersetzt. Künstlerische Konsequenz, das Einlösen von Verpflichtungen, ohne das freilich kein ästhetischer Ernst gedacht werden kann, ist nicht da um seiner selbst willen, sondern um darzustellen, was man früher die künstlerische Idee nannte und was man in der Musik vielleicht besser das Komponierte nennen könnte. In dieser Musik aber gibt es kein Komponiertes mehr. Sie regrediert auf die Sphäre des vormusikalischen, vorkünstlerischen Tones. Manche ihrer Adepten versuchen es denn auch folgerichtig mit der musique concrète oder mit der elektronischen Tonerzeugung. Aber die elektronische Musik dementiert bis heute jedenfalls dadurch die eigene Idee, daß sie zwar theoretisch das Kontinuum aller nur erdenklichen Klangfarben zur Verfügung stellt, daß jedoch in ihrer Praxis — analog dem vom Radio her bekannten Phänomen des musikalischen Konservenbüchsengeschmacks, nur weit extremer — die neu erworbenen Klangfarben untereinander monoton sich ähneln, sei es durch ihre gleichsam chemische Reinheit, sei es, daß jeder Ton durch die dazwischengeschaltete Apparatur geprägt ward. Es hört sich an, als trüge man Webern auf einer Wurlitzerorgel vor. Der Zwang zur Nivellierung und Quantifizierung scheint in der elektronischen Musik stärker als das Ziel qualitativer Entfesselung. Freilich steht dahin, ob dafür nicht die Beschränktheit und Einsinnigkeit der technischen Entwicklung in der gegenwärtigen Gesellschaft verantwortlicher ist als die Technik selbst.

Nicht zu fürchten ist der Einwand, die Kritik an alldem bliebe willkürlich bei Schönberg stehen, käme über ihn, Berg und Webern nicht hinaus und diente am Ende der Reaktion. Auch im Umkreis der Neuen Musik wird das Aussprechen von Erkenntnissen sabotiert mit dem Hinweis darauf, sie kämen irgendwelchen Gegnern zugute. Insgeheim ähnelt dies Argument der in totalitären Staatswesen ausgeübten Denkkontrolle. Gefährlich sind nicht Einsichten, die Feinde ausspielen könnten, sondern die blinde Apologie, die das Fragwürdige verstärkt und damit wahrhaft den Feinden recht gibt. Die Formel von der Rückkehr zu den zwanziger Jahren, nach der lästigen Unterbrechung durchs Dritte Reich, ist fraglos grotesk. Von Rückkehr könnte man ohnehin nur sprechen, wenn es unterdessen weitergegangen wäre. Aber dies Weitergehen war selber wesentlich ein Zurückgehen, und musikalisch ward vor dreißig Jahren unendlich viel an Aufgaben vermacht, die uneingelöst blieben. Andererseits sind die Gesteinsveränderungen, die seitdem sich zutrugen, von solcher Art, daß keiner ihnen sich entziehen könnte, möchte er auch noch so eifrig auf die Suche nach einer Zeit sich begeben, die sich bereits krisenhaft vorkam und doch paradiesisch war verglichen mit dem, was folgte. Daß aber die Kritik jene jüngsten Gebilde losgelassener Rationalität nicht verstünde, kann ihr deshalb nicht vorgeworfen werden, weil sie dem eigenen Programm nach nicht verstanden, nur bewiesen werden wollen. Auf die Frage nach der Funktion irgendeines Phänomens darin im Sinnzusammenhang der Komposition wird mit Ableitungen aus dem System geantwortet. Schlecht wäre auch der Trost, daß, wie einst im siebzehnten Jahrhundert, den neu zu erobernden musikalischen Mitteln von kommenden Komponisten jener Sinn vielleicht einmal eingelegt werden könne. Es will heute, nachdem einmal Material und Werk derart sich durchdrangen, nicht einleuchten, daß künstlerische Mittel zunächst mechanisch ausgedacht werden und dann später ihre Bestimmung finden, sowenig auch die Möglichkeit a priori ausgeschlossen werden kann. Eine solche Vorstellung verewigte jene Trennung musikalischer Sprache und musikalischen Materials, wenn nicht gar von klangsinnlichem Stoff und ästhetischem Zweck, an deren Berichtigung die Neue Musik sich gerade abgearbeitet hat. Das musikalische Material bewegt sich überhaupt nicht unabhängig vom Gehalt des Kunstwerks: sonst ist die Barbarei erreicht. Man sollte nachgerade die Begriffe Fortschritt und Reaktion in der Musik nicht länger automatisch nur aufs Material anwenden, das ja freilich lange genug Träger des Fortschritts des musikalischen Sinns selber war. Der Begriff des Fortschritts verliert sein Recht, wo Komponieren zur Bastelei, wo das Subjekt, dessen Freiheit die Bedingung avancierter Kunst ist, ausgetrieben wird; wo eine gewalttätige und äußerliche Totalität, gar nicht so unähnlich den politischen totalitären Systemen, die Macht ergreift. Die Verbindung technisch-fachmännischer Verbohrtheit, die das Ausdrucksbedürfnis verfemt, mit einem Seelenzustand, der es schon gar nicht mehr kennt, spiegelt allenfalls passiv die Fatalität des Zeitlaufs wieder, dem sie zu widerstehen meint. Beim Namen ruft sie ihn nicht. Das Höchste, was da zustande kommt, sind Stücke, die aus dem zuweilen sehr entwickelten Wissen um das heute technisch Notwendige hervorgetrieben sind. In ihnen bezeugt jeder Takt die Überlegung, wie Musik auszusehen habe, die gegen alle erdenklichen Einwände gefeit ist. Es sind Schulstücke, Paradigmata. Sie messen sich an einem unsichtbaren Kanon des Erlaubten und Verbotenen, und die wachsame Kontrolle, deren es gewiß bedarf, bleibt vom Komponieren allein übrig. Solche Musik klingt, als wäre ihr Ursprung einzig noch die Angst, eine Note zu schreiben, auf welche der nächste Schulgenosse sich stürzen, an der er einen Rest bemängeln könnte. Musikalische Logik wird zu ihrer Karikatur, die freilich in jener selbst schon angelegt ist, einem starren Bann, und er läßt alles andere verkümmern. Resigniert merkt der Zuhörer beim ersten Takt, daß er einer Höllenmaschine überantwortet ist, die gnadenlos abläuft, bis das Schicksal sich erfüllt hat und er aufatmen darf.

Allerdings geht es bei den meisten jüngeren Zwölfton-Komponisten minder anspruchsvoll her. Unvertraut mit den eigentlichen Errungenschaften der Schönberg-Schule und lediglich im Besitz der ohne jene Errungenschaften recht apokryphen Zwölftonregeln, begnügen sie sich mit dem Jonglieren der Reihe als Tonalitätsersatz, ohne daß überhaupt noch recht komponiert würde. Damit ist ein überaus paradoxer Sachverhalt berührt, das Schwinden der Tradition innerhalb der Neuen Musik selber. Die Innovatoren, Schönberg, Bartók, Strawinsky, Webern, Berg, auch Hindemith, waren allesamt noch in der traditionellen Musik aufgewachsen. Ihr Idiom, ihre Kritik, ihr Widerstand kristallisierten sich an ihr. Die Nachfolgenden haben sie nicht mehr lebendig in sich. Statt dessen wenden sie ein in sich selbst kritisches Musikideal ins falsch Positive, ohne die Spontaneität und Anstrengung aufzubringen, die es erheischt. Man kann ihnen daraus kaum einen Vorwurf machen. Der Kompositionsunterricht, zumal an den Konservatorien und Musikhochschulen, ist im wesentlichen auf dem Niveau der traditionellen tonalen Musik stehengeblieben und gibt dem Schüler kaum ernsthafte technische Maßstäbe für die Beurteilung Neuer Musik an die Hand. Daher halten sie sich auf der Suche nach Autorität an beliebige eindrucksvolle Vorbilder des Neuen, ohne in der eigenen Produktion abschätzen zu können, ob sie den inneren Anforderungen jener Vorbilder gerecht werden oder bloß die Fassade nachahmen und sich auf Mittel verlassen, die sich als wirksam bewährt haben und eben darum es meist schon nicht mehr sind. Während viele sogenannte Berufsmusiker selbst nicht mitkamen und nicht weitergeben können, was ihnen fremd blieb, ist die ältere Tradition, die tonale Musik, so durchlöchert, daß sie die jungen Musiker nur unzulänglich erreicht. Grund ist zum Verdacht, daß jene, die mit dem neuen Material nicht fertigwerden, auch des alten nicht mächtig sind, keinen einwandfreien vierstimmigen Palestrinasatz schreiben, vielfach kaum einen Choral rein ausharmonisieren können. Die pädagogischen Tugenden des Akademismus gingen verloren, ohne daß doch das Reich der Freiheit betreten wäre.

Auch die Musikkritik hilft kaum. Kritiker und Komponisten treffen sich nur noch ausnahmsweise auf derselben Ebene. Weniger noch als die praktisch ausgebildeten Musiker sind die meisten Kritiker fähig, eine anspruchsvollere neue Partitur ihrer inneren Stimmigkeit, ihrem Formniveau, ihrer eigentlichen Kraft nach zu werten. Statt dessen warten sie meist mit Surrogaten wie zufälliges Gefallen und Mißfallen oder Informationen journalistischen Schlages auf. Alles Mögliche über den Eindruck eines Werkes, seine Geschichte, seinen stilistischen Ort, seinen Autor wird mehr oder minder routiniert vorgetragen, ohne daß der Kritiker eigentlich noch, wie der Name seines Berufes es will, entschiede, urteilte, wäre es auch anfechtbar. Manche machen aus der Grenze des eigenen Verstehens ein Kriterium und denunzieren alles, was ihnen sich verschließt, als intellektuell, abstrakt, Papiermusik. Andere, die ihre Bildung weniger der Praxis als der Musikhistorie verdanken, ziehen aus dieser ihre Maßstäbe und begnügen sich teils mit Reminiszenzen, teils mit Klischees der Volks- und Jugendmusik-Bewegung, mit der Norm von Gemeinschaft um der Gemeinschaft willen, während doch der gegenwärtige gesellschaftliche Zustand selber kollektiv bestätigte Musik verwehrt. Bei manchen wird neuerdings die Abwesenheit des eindringenden Verständnisses der Sache selbst überkompensiert: um nur ja die Geburt eines neuen Genies nicht zu versäumen, loben sie wahllos, was vielleicht etwas bedeuten könnte. All das trägt bei zur allgemeinen Desorientierung und hilft, einen musikalischen Kulturbrei herzustellen. Es breitet sich jenes abscheuliche Ideal des gemäßigt Modernen aus, das nach beiden Seiten gleich problematische Kompromißlösungen zwischen der Tradition und dem Neuen empfiehlt. Die neuen Mittel, ihres Sinnes entäußert, werden als rasch abstumpfende Reize durch unablässige Wiederholung korrumpiert. Die Verpflichtung zur Einmaligkeit des Gebildes, zur Unwiederholbarkeit, die dem Komponieren durch die Emanzipation der Musik von der vorgegebenen Formsprache auferlegt ist, wird kaum mehr gefühlt. Die meisten Komponisten, die nicht aufs Punktuelle schwören, geben sich damit zufrieden, weitere Beispiele für Typen zu liefern, die von Autoren wie Bartók, Strawinsky, Hindemith aufgerichtet worden sind, ohne einzusehen, daß diese Typen keinen Raum definieren, innerhalb

dessen man sich sicher bewegen kann, und daß es einzig noch auf die Produktion neuer Typen oder vielmehr neuer Charaktere ankäme. Andererseits aber sind durch die versprengten neuen Mittel die traditionellen in Unordnung geraten. Aus dieser wird auch noch eine Tugend gemacht in einer Allerweltssprache, in der quasi-literarische Effekte, insbesondere eine durchweg ebenso grundlose wie billige Ironie die erste Stelle behaupten. Pseudo-Intellektualität und kulturpolitische Versiertheit verdrängen die künstlerische Realisierung. Musik, die eine Tradition posiert, die nicht mehr substantiell ist und selbst technisch nicht mehr präsent, hat vor den Elaboraten der Reihen-Ingenieure nichts voraus. Sie macht es sich und ihren Anhängern nur bequemer.
All diese innerästhetischen Tendenzen stimmen aufs genaueste zusammen mit solchen der Gesamtgesellschaft, ohne daß die Vermittlung zwischen beiden Bereichen allenthalben durchsichtig wäre. Die Gesellschaft beeinflußt die Künstler nicht bloß von außen, kontrolliert sie nicht nur, obwohl es daran gewiß nicht fehlt, sondern bringt auch die Individuen und die Formen des objektiven Geistes hervor, die ihres eigenen Wesens oder Unwesens sind. Man meint, man wäre durch den Mangel an Subjektivität jener objektiven Verbindlichkeit mächtig, deren Zerstörung man der Präponderanz eines Subjektiven zur Last legt, das man schon gar nicht mehr hat, so, als käme Objektivität durch eine Subtraktion zustande, das Weglassen der Zutat, und wäre nichts anderes als ein Rest. Aber alle ästhetische Objektivität ist durch die Kraft des Subjekts vermittelt, die eine Sache ganz zu sich selbst bringt. Der Objektivismus, der so eitel ist auf seinen Mangel an Eitelkeit und sich so leicht moralisch überlegen dünkt, setzt selbstgerecht eine Prämie auf die Mängel seiner Exponenten aus. Er lebt von der lockenden Ideologie, man müsse nur vor dem übermächtigen, sinnlosen Dasein kapitulieren, um eines verbürgten Kosmos teilhaftig zu werden. Aber die Überwindung eines nichtexistenten Selbst ist ein allzu bequemer Weg, und das läßt sich an dem erkennen, was die vermeintliche Askese zeitigt. Die Symptome des Alterns der Neuen Musik sind gesellschaftlich solche des Schrumpfens der Freiheit, des Zerfalls der Individualität, den die hilflosen und desintegrierten Individuen selbst nochmals von sich aus

bestätigen, unterschreiben, wiederholen. Darin ähneln die Radikalen, die sich dem überantworten, was sie als reine Eigengesetzlichkeit des Materials mißdeuten, und die begeistert sich selbst durchstreichen, fatal jenen anderen, die entweder in die Trümmer vergangener Tradition sich verkriechen oder einen überindividuell bestätigten künstlerischen Zustand fingieren, der doch bloß dem Wunschbild der geschwächten und verängstigten Individuen entspricht. Keiner wagt es eigentlich mehr, alle suchen Deckung. Die brutalen Maßnahmen der totalitären Staaten beider Spielarten, welche die Musik gängeln und die Abweichung als dekadent und subversiv bedrohen, bezeugen nur sinnfällig, was minder offen auch in den nichttotalitären Ländern, ja im Innern der Kunst wie der meisten Menschen selber sich zuträgt. Nichts wäre törichter, als angesichts so tiefer Beschädigung zu moralisieren. Die primitive Tatsache ist nicht zu verschweigen, daß die Entfremdung zwischen Musik und Publikum heute derart auf die Musik selbst zurückschlägt, daß die materielle Existenz der konsequenten Künstler schwer bedroht ist. Sie werden zu Akten der Anpassung gezwungen, die angesichts der tiefen Notwendigkeit eben jener Entfremdung doch wieder ohnmächtig und falsch geraten müssen. Das äußere Dasein schon von Webern und Berg war prekär. Sie konnten sich nur halten dank der ökonomischen Zurückgebliebenheit ihres in mancher Hinsicht vorkapitalistischen Heimatlandes, das dem Schlupflöcher bot, was keinen Tauschwert besitzt. Berg hat die letzten Jahre seines Lebens, als ihm die Möglichkeit von Aufführungen in Deutschland abgeschnitten war, in materieller Not zugebracht. Wer nicht das Altern der Neuen Musik bequem in Geistesgeschichte verflüchtigen will, muß es mit dem realen Leiden der Menschen zusammendenken, dessen Schrecken, wie Theodor Haecker sagt, nicht zum letzten darin besteht, daß den Menschen nicht einmal mehr erlaubt wird, ihren Zustand selber auszusprechen. Heute vollends hätten Künstler wie Berg oder Webern kaum mehr die Möglichkeit des Überwinterns. Gäbe es ihresgleichen, so müßten sie entweder mitmachen und auf irgendeine Weise dem herrschenden Prinzip sich gleichschalten, oder wenigstens sich an die Spitze wahnhaft anziehender Bünde und Sekten stellen, und im Protest gegen die Kollektivierung Beute einer zweiten, kaum minder fragwürdigen werden.

Die gegenwärtige Lähmung der musikalischen Kräfte repräsentiert die Lähmung jeglicher freien Initiative in der verwalteten Welt, die nichts dulden will, was draußen bliebe, was nicht wenigstens als oppositionelle Spielart integriert wäre. All das ist schonungslos zum Bewußtsein zu bringen um der Möglichkeit des Besseren willen. Ob es nutzt, ist höchst fraglich; denn der Boden der Musik selbst, wie der jeglicher Kunst, die Möglichkeit, Ästhetisches ganz ernst zu nehmen, ist erschüttert. Nach der europäischen Katastrophe west die Kultur weiter wie zufällig von Bomben verschonte oder mit verwässerter Sachlichkeit zusammengeflickte Häuser in den Städten. Keiner glaubt mehr recht daran, dem Geist ist das Rückgrat gebrochen, und wer keine Notiz davon nimmt und sich verhält, als wäre nichts geschehen, wird kriechen, nicht gehen. Authentisch sind wohl heute überhaupt nur solche Werke, die der inneren Komplexion nach an der äußersten Erfahrung des Grauens sich messen, und kaum einer, der nicht Schönberg oder Picasso heißt, darf die Kraft dazu sich selber zutrauen. Dennoch ist zu fragen, ob nicht auch der Ernst, der auf Kunst lieber ganz verzichten möchte, als sie in den wie immer gearteten Dienst der gegenwärtigen Realität zu stellen, abermals nur eine verkappte Form der Anpassung ist: der an jenen bereits universalen Geist einer Praxis, die im Bestehenden sich zufriedengibt, ohne irgend noch darüber hinauszugehen. So sehr alle Kunst heute ein schlechtes Gewissen hat und haben muß, wofern sie sich nicht dumm machen will, so falsch wäre doch ihre Abschaffung in einer Welt, in der immer noch das herrscht, was als seines Korrektivs der Kunst bedarf: der Widerspruch zwischen dem was ist und dem Wahren, zwischen der Einrichtung des Lebens und der Menschheit. Die Kraft des künstlerischen Widerstandes wiederzugewinnen aber vermag nur, wer auch davor nicht zurückschrickt, daß das objektiv, schließlich auch gesellschaftlich Geforderte zuzeiten in hoffnungsloser Vereinzelung aufbewahrt ist. Erst wer bereit wäre, es ganz allein, ohne Stütze bei irgendwelchen ihm vorgegaukelten Notwendigkeiten und Gesetzen, zu vollbringen, dem wird vielleicht mehr gewährt als die Spiegelung des hilflos Einsamen.

INHALT

# Musik in der Kleinen Vandenhoeck-Reihe

*Einzelband DM 3,80, Doppelband DM 4,80, Dreifachband DM 5,80, Sonderband (S) DM 8,80*

288(S) Georg Krieger · Schönbergs Werke für Klavier

*1968. 126 Seiten mit zahlreichen Notenbeispielen*

132 Willy Heß · Beethovens Bühnenwerke

*1962. 86 Seiten*

21 Johann Nepomuk David · Die Jupiter-Symphonie

Eine Studie über die thematisch-melodischen Zusammenhänge.
*5. Auflage 1968. 39 Seiten mit zahlreichen Notenbeispielen.*

33/34 Johann Nepomuk David
34 a Die zweistimmigen Inventionen von
Johann Sebastian Bach

*3. Auflage 1968. 37 ausklappbare Seiten mit zahlreichen Notenbeispielen*

75/76 Johann Nepomuk David
77 Die dreistimmigen Inventionen von
Johann Sebastian Bach

*1959. 36 ausklappbare Seiten mit zahlreichen Notenbeispielen*

291(S) Bachinterpretationen

Herausgegeben von Martin Geck
*1969. 226 Seiten mit zahlreichen Notenbeispielen*
Die Verfasser der Beiträge: Werner Braun, Carl Dahlhaus, Alfred Dürr, Rudolf Eller, Georg Feder, Ludwig Finscher, Martin Geck, Walter Gerstenberg, Dietrich Kilian, Hans Klotz, Friedhelm Krummacher, Stefan Kunze, Peter Schleuning, Hans Joachim Schulze, Christoph Wolff

84 Hans-Heinrich Eggebrecht
Heinrich Schütz · Musicus Poeticus

*1959. 88 Seiten mit zahlreichen Notenbeispielen*

VANDENHOECK & RUPRECHT IN GÖTTINGEN UND ZÜRICH